Jonas Helgesson
„Das Unmögliche erreichen
… kann man erst, wenn man das Absurde
versucht hat!"

Jonas Helgesson

Das Unmögliche erreichen

... kann man erst,
wenn man das
Absurde versucht hat

**Mein Leben mit
einem Handicap**

BRUNNEN

VERLAG GIESSEN · BASEL

FSC
Mix
Produktgruppe aus vorbildlich
bewirtschafteten Wäldern und
anderen kontrollierten Herkünften

Zert.-Nr.GFA-COC-001278
www.fsc.org
© 1996 Forest Stewardship Council

Das Original erschien im Jahr 2007 unter dem Titel
„Grabben I Kuvösen Bredvid"
beim Libris förlag, Örebro/Schweden
© 2007 Jonas Helgesson und Libris förlag, Örebro

Aus dem Schwedischen von Dr. Friedemann Lux
Lektorat: Petra Hahn-Lütjen

© der deutschsprachigen Ausgabe:
2009 Brunnen Verlag Gießen
www.brunnen-verlag.de
Umschlagfoto: Andreas Almlöf
Umschlaggestaltung: Ralf Simon
Satz: DTP Brunnen
Herstellung: CPI – Ebner & Spiegel, Ulm
ISBN 978-3-7655-1705-1

Dieses Buch ist für Dich, Mama.
Jonas

In der einen Ecke des Rings sitzt die gefürchtete Zerebralparese. Auf den ersten Blick sieht sie etwas hölzern und steif aus, beim zweiten merkt man, dass sie unerhört stark ist. Kein Zweifel: Das Biest kann kämpfen. Der Anblick flößt Respekt ein, fast schon Ohnmachtsgefühle. Wer in diese harten Augen blickt, ist versucht, aufzugeben, bevor er angefangen hat. In der anderen Ringecke steht Jonas. Er muss sich anstrengen, sich auf seinen Gegner zu konzentrieren. Die Schmähungen, die ihm die Zerebralparese entgegenschleudert, machen ihm schon etwas Angst; wie selbstsicher das Aas klingt ... Aber er ist doch verhältnismäßig ruhig – nun ja, so ruhig wie ein Sprinter in seinem Startloch. Er kann es kaum erwarten, dass der Kampf beginnt, denn er hat sich eine Strategie ausgedacht, die ihm mit Sicherheit den Sieg bringen wird. Er wird sofort aufs Ganze gehen, bevor die träge Zerebralparese reagieren kann.

Die Zerebralparese macht sich fertig, schlüpft aus ihrem Mantel. Jetzt sieht man das Wort, das sie quer über den ganzen Körper tätowiert hat: „SCHICKSAL".

Sie spuckt auf den Boden, macht probeweise ein, zwei Übungshaken mit ihrer Rechten und tritt in die Mitte des Rings. Ihr Mund verzieht sich zu einem schrägen Grinsen.

„Meinst du, du kannst mich besiegen, Kleiner? Sieh's endlich ein, dass du verlieren wirst, das ist dein Schicksal!"

Aber das Gelabere mit dem Schicksal glaubt Jonas keine Sekunde lang. Er macht sich bereit, und bevor die Zerebralparese bis zwei zählen kann, stürzt er sich auf sie. K.o. schlagen muss er sie, jetzt oder nie ...

Inhalt

Einleitung

Die einen sagen, dass ich einen starken Glauben habe und immer das Positive sehe. Die anderen halten mich für leichtsinnig und – sagen wir's ruhig – verrückt. Ich finde, dass ich etwas von beidem bin.

Bis zu meinem 23. Lebensjahr hatte ich immer braune Schuhe – große, klobige, definitiv un-schicke Schuhe, die ich von der Krankenkasse bekam. Es war egal, ob ich Winterschuhe, Sommerschuhe, Turnschuhe oder Ausgehschuhe brauchte – alle Schuhe, die ich bekam, waren gleich braun. Und gleich hässlich!

Dabei waren die Schuhe Spezialanfertigungen nur für mich. Ihre Form stützte meine schwachen Fersensehnen, und die extra strapazierfähigen Sohlen machten selbst meinen ständig schlurfenden Gang mit. Klettverschlüsse hatten sie auch, damit ich sie leichter anziehen konnte.

Aber wie gesagt: Besonders cool sahen sie nicht aus.

Meine Mutter, die ebenfalls fand, dass die Schuhe braun und hässlich waren, rief bei der Krankenkasse an und fragte nach, ob man die Schuhe nicht ein bisschen aufpeppen konnte; wie wäre es zum Beispiel mit einer anderen Farbe? Man erklärte ihr, dass das leider nicht möglich war – zu aufwändig, zu teuer.

Seit wir diesen Bescheid bekommen haben, habe ich eine etwas unkonventionelle Theorie über Farben: Blau ist teurer als Braun.

Die Zeit verging, und der Frust mit den Schuhen hing wie eine schwarze Wolke über meinem Leben. Mit diesen Schuhen hätte ich mir genauso gut ein Schild mit der Aufschrift „Achtung, Spastiker!" um den Hals hängen können.

Dann kam der Tag, wo im Laufe von zwei Stunden schon der Dritte einen etwas indiskreten Kommentar über meine Schuhe losgelassen hatte und das Maß voll war. Ich beschloss, der Krankenkasse, meinem Körper und dem Schicksal zu zeigen, was Sache war. Jetzt sofort; noch einen Tag warten hätte ich nicht mehr ausgehalten.

Mit einer Mischung aus Inspiration und Herzklopfen begab ich mich ins nächste Schuhgeschäft und kaufte mir ein super Paar Schuhe, ein Paar Nikes. Es waren meine Traumschuhe.

Dann ging ich nach Hause, stellte die grässlichen Behindertenschuhe in die hinterste Ecke der Garderobe und machte demonstrativ einen langen Spaziergang durch die Stadt, damit alle meine neuen, schicken Schuhe sehen und gebührend bewundern konnten.

Aus dem Rückblick erscheint mir mein Schuhtausch als ein reichlich gewagtes Unternehmen. In den neuen Schuhen hatten meine Waden die vertraute Extrastütze nicht mehr; es war Schwerarbeit, in ihnen zu gehen, und mochten auch die Schuhe besser aussehen, mein Gang war es eindeutig nicht. Ganz zu schweigen von den Blasen, die ich bekam; wo ich ging, war eine Blutspur …

Man glaubt es nicht, aber so nach und nach lernte ich es, in den nicht-braunen Schuhen zu gehen. Leider war ihr Leben schon nach zwei Monaten beendet, länger hielten die Sohlen das nicht durch.

Man kann auch fragen, wie vernünftig es war, zwei Stunden pro Tag nur für das Binden der Schnürsenkel reservieren zu müssen.

Aber wenn mich jemand fragt, ob die Sache diese Mühen wert war, ist meine Antwort natürlich ein lautes und deutliches „JA!". Nur Gott kann es ermessen, das Gefühl der

Freiheit, das mich erfüllte, als ich zum ersten Mal in ein normales Schuhgeschäft ging, um normale Schuhe zu kaufen. Als ich die Regale voller schicker Schuhe sah, wusste ich, dass ich lange genug in „Behindertenland" gelebt hatte. Und kaum eines der Paare hier war braun!

Ich heiße Jonas Helgesson, und das Buch, das Sie gerade in Händen halten, handelt von meinem Leben – ein Leben, von dem jeder Augenblick lebenswert gewesen ist, obwohl ich mit einer so hartnäckigen Behinderung geboren wurde. Ich sage immer, dass ich gerade so bin wie die anderen Menschen auch, nur mit dem kleinen Unterschied, dass ich Spastiker bin.

Wenn Sie mir einen Haufen Fragen über meine Behinderung stellen würden, würde ich womöglich nicht alle beantworten können. Eigentlich weiß ich nicht sehr viel darüber, was da mit mir passiert ist. Die exakte medizinische Beschreibung ist so lang, dass ich nach der Hälfte nicht mehr mag. Was für Enzyme da wie nicht richtig funktionieren – ich weiß es nicht, und ich will es auch gar nicht wissen. Genau zu verstehen, was alles nicht stimmt in meinem Körper, es hat mich noch nie gereizt. Irgendwie weigere ich mich, mich zu sehr mit meiner Behinderung und den Problemen, die sie mit sich bringt, zu identifizieren. Ich will nicht meine Behinderung sein, sondern der Jonas „drinnen", der so viel mehr ist als seine äußeren Spastikersymptome!

Vieles an meinem Leben macht mir echt Spaß, aber ich würde lügen, wenn ich behaupten würde, dass ich immer auf Rosen gebettet gewesen wäre. Nur zu oft hat meine Behinderung sich bemerkbar gemacht und mir mit lauter Stimme zugerufen: „Akzeptiere deine Grenzen, sieh endlich ein, was du alles nicht kannst!" Unzählige Male hat sie mir einreden wollen, dass an Veränderung nicht zu denken ist. Sie hat mir die weiße Fahne der Kapitulation in die Hand drücken wollen.

Aber wie Sie auf den folgenden Seiten noch merken werden, bin ich ein ziemlich hartnäckiger Bursche, der Herausforderungen nicht als Strafe empfindet. Es gibt mir einen Kick, das Mögliche im Unmöglichen zu sehen, und entschlossen wieder aufzustehen, wenn ich zum hundertsten Mal zu Boden gegangen bin. Ich strecke mich nach vorne, egal wie stark der Wind mir entgegenbläst. Für mich ist etwas erst dann vorbei, wenn es wirklich vorbei ist.

In diesem Buch nehme ich Sie mit auf meine jetzt rund dreißig Jahre lange Lebensreise, die in der Nacht zum 4. März 1978 begann. Sie werden diverse Episoden in meinem Leben kennenlernen, von der Nabelschnur um meinen Hals bis zu dem Tag im vorigen Sommer, wo ich dreieinhalb Meter tief in einen Baggersee sprang, obwohl ich gar nicht richtig schwimmen konnte. Sie werden lesen, wie ich mich als kleiner Junge nur im Rollstuhl vorwärtsbewegen konnte – und wie ich dann durch das Golfspielen laufen lernte. Sie werden die Polizisten kennenlernen, die mich für betrunken am Steuer hielten, die Dozenten, die mich baten, mein Lehramtsstudium abzubrechen, und den Freund, der sich beim Schachspiel über meine Behinderung lustig machte. Um nur ein paar Beispiele zu nennen.

Aber warum schreibe ich überhaupt ein Buch? Ja, warum? Ich habe ja keine Goldmedaille bei den Olympischen Spielen gewonnen, ich bin kein Politiker und kein Seifenopernstar. Auch kein berühmter Erfinder, der entdeckt hat, wie man den Abstand zum Horizont berechnet, oder ein Nobelpreisträger, der eine revolutionäre neue Medizin für asthmatische Hunde entwickelt hat. Ich bin, wenn ich das so sagen darf, ein ganz gewöhnlicher Mensch. Warum schreibt so einer ein Buch?

Ja, vielleicht gerade deswegen. Weil ich trotz meiner Startvoraussetzungen so normal bin. Wenn es nach den Prognosen der Ärzte gegangen wäre, wäre ich nie im Leben der geworden, der ich heute bin, sondern würde heute noch im Rollstuhl sitzen und kein Wort sprechen können.

Aber manchmal wird es nicht so, wie die Wissenschaftler oder die Docs glauben. In meinem Fall ist es viel, viel, viel besser geworden, und ich freue mich, Ihnen mitteilen zu können, dass es jeden Tag noch besser wird. Inzwischen kann ich sogar ganz alleine meine Hose anziehen.

Dieses Buch möchte eine dicke Ladung Farbe in das Grau des Alltags bringen. Es ist mein Wunsch, dass es den Leser aufmuntert und inspiriert, aber auch berührt. Ich möchte das, was ich erlebt habe, weitergeben, um zu zeigen, dass vieles im Leben gut werden kann, wenn man es gut macht. Das Leben ist zu kurz, um an all das zu denken, was hätte werden können. Das Leben ist ein Geschenk. Wir sollten gut mit ihm umgehen, denn wir leben nur ein Mal.

Ich will glauben, dass es mehr Gründe zur Freude als Probleme gibt. Ich will glauben, dass es mehr Möglichkeiten als Unmöglichkeiten gibt. Ich will glauben, dass das Schöne größer ist als das Schwere. Ich will glauben, dass der Mut stärker ist als die Enttäuschung. Ich will glauben.

Willkommen in meinem Leben.

Jonas
Malmö, im November 2006

15

Kapitel 1

Eine etwas andere Geburt

Piep ... piep ... piep.

Stille.

Vierzig Minuten nichts.

Piep ... Piep ... Piep ...

Da ist sie ja wieder, die Atmung. Danke verbindlichst.

Wenn meine Eltern an das Schicksal geglaubt hätten, hätten sie wahrscheinlich gesagt, dass es in der ersten Nacht meines Lebens greifbar nah war. Sie hätten auch sagen können, dass ich zu denen gehörte, die halt Pech gehabt haben. Von allen Kindern, die jährlich in Schweden geboren werden, sind weniger als ein halbes Prozent spastisch geschädigt. Mich hat damals niemand gefragt, wie ich darüber dachte; auf einmal gehörte ich zu dem halben Prozent. Das war heftig. Und furchtbar ungerecht.

Der neugeborene Jonas, der da im Brutkasten lag, hatte natürlich keinen Schimmer, was das war – „Schicksal". Er wusste auch nicht, wie das, was da geschehen war, sich auf den Rest seines Lebens auswirken würde. Für ihn gab es solche Begriffe wie „gerecht" und „ungerecht", „Glück gehabt" und „Pech gehabt" noch nicht. Er freute sich einfach (glaube ich jedenfalls, auch wenn ich mich nicht genau erinnern kann) über jeden Atemzug, den er endlich machen konnte.

Irgendwo dort in dem Brutkasten – davon bin ich überzeugt – wurde die Dankbarkeit geboren, die mir seitdem wie ein treuer Freund durch das Leben gefolgt ist.

Viele Menschen haben mich gefragt, wie es kommt, dass ich so fröhlich bin. Ich antworte dann gewöhnlich, dass ich meine geschenkte Zeit genieße. Was auch stimmt; für mich ist jeder

Tag seit jener ersten, dunklen Nacht in meinem Leben ein Geschenk des Himmels. Ich stand kurz vor dem Tod, aber dann schaffte ich es doch. Wenn das kein Grund zur Freude ist!

Irgendwann während dieser Nacht auf der Entbindungsstation wurde auch der Grundstein zu der Zuversicht und unerschütterlichen Hoffnung gelegt, die mir seitdem in guten wie in schweren Stunden immer wieder das Herz gestärkt hat.

Ich bin einer, der das Leben genießt. Fast bin ich schon genusssüchtig. Ich versuche, jeden Tag meines Lebens zu genießen und zu einem Fest zu machen. Mein Herz hat das Leben gewählt, trotz aller Grenzen, die mein Körper hat. Wer bin ich da, dass ich in Selbstmitleid machen oder weinerlich wünschen soll, jemand anderes zu sein? Arnold Schwarzenegger in allen Ehren, aber Jonas Helgesson ist auch nicht schlecht!

Man mag hier einwenden, ich hätte es aber doch besser haben können. Diese Behinderung, mit der ich mich jeden Tag neu herumschlagen muss, sie ist ja eine Realität. Meine Antwort ist, dass ich es auch schlechter hätte haben können. Viel schlechter! Ich hätte zum Beispiel an dem gleichen Tag, an dem ich geboren wurde, schon wieder sterben können.

Also, ich ziehe es vor, mein Dasein von der hellen Seite her zu sehen.

Das, was mich „anders" machte, fing, wie gesagt, in der Nacht meiner Geburt an – genauer gesagt, in dem Augenblick, als ich mich auf den Weg machen wollte, um den Bauch meiner Mutter zu verlassen.

Plötzlich löste sich der Mutterkuchen. Die Nabelschnur wickelte sich viermal fest um meinen Hals, dass ich keine Luft mehr bekam. Die Ärzte mussten einen Notkaiserschnitt machen. Es wurde eine schwierige Operation; meine Mutter verlor zweieinhalb Liter Blut und es schien bei ihr alles zusammenzubrechen. Mehrere Stunden lang stand es auf Messers Schneide, ob sie und ich es schaffen würden. Zwei Menschen hingen zwischen Leben und Tod, während die Ärzte und Schwestern kämpften.

Als sie mich endlich herausholten – es war ein Wunder, dass meine Mutter noch lebte –, gab ich keinen Piepser von mir. Ich atmete nicht.

Die Ärzte beratschlagten, was sie machen sollten. Die kostbaren Minuten tickten dahin.

Schließlich beschlossen sie, mir eine Narkose zu geben und einen Schlauch in den Hals einzuführen, um Sauerstoff in meine Lungen zu blasen. Es war ein Experiment, und niemand wusste, wie es verlaufen würde. Nach den Gesetzen der Wahrscheinlichkeit hätte mein kurzes Leben gleich aus und vorbei sein müssen. Aber die Wahrscheinlichkeit bekam eins auf die Nase. Die Ärzte machten einen tollen Job, und meine Atmung kam wieder in Gang. Mir fehlen die Worte, um auszudrücken, wie dankbar ich dafür bin!

Diese vierzig Minuten, in denen ich nicht atmete, sind also der Grund dafür, dass ich Spastiker bin. Damals wurden Teile meines Gehirns für immer gelähmt (der medizinische Fachausdruck lautet „Zerebralparese" oder „Zerebrallähmung"), und seitdem habe ich diese unfreiwilligen Spasmen und Krämpfe in meinem ganzen Körper.

Wenn ich erklären soll, wie mein Körper funktioniert, vergleiche ich ihn immer mit einem Computerspiel, bei dem die Grafikkarte verrückt spielt; das meiste geht langsam, dann wieder springt und ruckt es plötzlich auf dem Bildschirm. Vor allem meine linke Körperhälfte führt ein Eigenleben. Mit dem linken Arm kann ich fast nichts Vernünftiges machen; dafür ist er in der Lage, Milch, Kaffee und Saft über erstaunlich große Flächen zu verschütten. Aber auch mit meinem wesentlich manierlicheren rechten Arm ist es für mich noch heute eine Herausforderung, zum Beispiel ein Glas Wasser zu tragen, obwohl ich jetzt bald dreißig bin. Mit Sahneschlagen brauche ich gar nicht erst anzufangen …

Als ich sechs Monate alt war, mussten meine Eltern mit mir zu einer Kontrolluntersuchung. Die Ärzte stellten hochoffiziell fest, dass ich den Rest meines Lebens im Rollstuhl sitzen würde. Meine Beine waren steif wie Holzstöcke, mein Gleichgewicht glänzte durch Abwesenheit. Die Komplikationen bei meiner Geburt hatten meinem Körper einen ordentlichen Dämpfer versetzt.

Meine Eltern fanden das Zukunftsszenario, das die Ärzte da malten, nicht lustig, ja sie fanden es richtig deprimierend. Wer findet es schon toll, wenn es heißt, dass sein Kind für immer spastisch geschädigt sein wird?

Aber meine Eltern ließen sich nicht unterkriegen. Als sie das Verdikt der Ärzte hörten, beschlossen sie, ihre Augen auf das Positive zu heften. Ich war am Leben – war das nicht das Allerwichtigste? Das andere würde sich schon weisen …

Und sie beteten auch, dort in dem Krankenhaus. Sie baten Gott, ihrem geliebten Jonas das beste Leben zu schenken, das möglich war, und sie versprachen Gott und einander, alles zu tun, was in ihrer Macht stand, damit das Wirklichkeit würde.

Ich glaube, dieses Gebet meiner Eltern ist erhört worden! Heute lebe ich dafür, dass ich Spastiker bin, ein fantastisches Leben, ein Leben, das geradezu unheimlich gut ist. Mit dreizehn Jahren konnte ich meinen Rollstuhl verlassen; es war das reinste Wunder. Die Räder montierte ich ab und verwendete sie für mein Seifenkistenauto. Die Ärzte verstanden die Welt nicht mehr, aber ich war glücklich – so gute Räder hatte kein anderes Seifenkistenauto der Welt!

Auch die Behinderung beim Sprechen, die die Lähmungen in meinem Gehirn mit sich brachten, ist mit den Jahren weniger geworden. Als Vierjähriger konnte ich kaum zwei verständliche Wörter herausbringen, aber etwas später lernte ich, zu sagen: „Ich will ein Eis haben", und schwupps! öffnete sich mir eine ganze neue Welt. Die statistische Wahrscheinlichkeit bekam wieder eins auf die Nase, und ich bekam jede Menge Eis.

In den letzten Jahren hat mein Sprechen Riesenfortschritte gemacht. Nur ein, zwei Tage, und fast jeder versteht das meiste, was ich sage. Nun ja, außer den sprachgesteuerten Anrufbeantwortern beim Arbeitsamt.

Kapitel 2

Meine wunderbare Familie

Wer schon einmal versucht hat, im Kühlschrank Puffreis oder Popcorn zu machen, weiß, dass das nicht funktioniert. Damit das etwas wird, braucht man höhere Temperaturen.

Ich glaube, das ist bei uns Menschen nicht anders. Auch wir brauchen die richtige Temperatur und Umgebung, damit es bei uns etwas wird.

Ich habe das große Vorrecht gehabt, in einer ganz wunderbaren Familie mit Mutter, Vater, großem Bruder und großer Schwester aufzuwachsen. Ich bin ihnen allen dankbar für das, was sie mir gegeben haben. Dass der heutige Jonas solch ein lebensfroher und hoffnungsvoller Kerl ist, liegt nicht zuletzt, ja liegt vor allem an ihnen. Es waren vor allem drei Dinge, die sie mir geschenkt haben: zunächst eine unglaublich große Liebe zu dem real existierenden Jonas, mit Haut und Haaren, sodann ihr geradezu fantastischer Glaube an mich und drittens und vielleicht am stärksten die Art, wie sie mich immer wieder nicht nur gefördert, sondern auch gefordert haben. Sie haben mich angestachelt, meinen Grenzen zu trotzen und sie Stückchen um Stückchen weiter zu machen, auch dann, wenn ich meinte: *Das schaffst du nie im Leben.*

Meine Lieben haben mir beigebracht, mich nicht zuerst mit meiner Krankheit oder Behinderung zu identifizieren. Sie haben mir gezeigt, dass ich ein ganz normaler junger Mann bin, der halt gewisse Probleme mit seinem Körper hat, und kein „Behinderter". Das ist ein großer Unterschied!

Einmal, als ich noch klein war, fragte jemand meine Mutter, wie das sei, ein behindertes Kind zu haben. „Bei Ihnen muss sich bestimmt alles nach Ihrem Jonas richten, oder?"

Meine Mutter antwortete, nein, es sei gerade anders herum: „Jonas muss sich nach uns richten, wir sind schließlich in der Mehrheit!"

War das nicht ein bisschen hart, ja lieblos? Darf man so über sein armes behindertes Kind sprechen? Aber für mich ist diese Einstellung meiner Mutter ohne jeden Zweifel eine der Hauptursachen dafür, dass ich heute, zwanzig Jahre später, so gut zurechtkomme in meinem Leben. Ich bin es gewohnt, wie ein normaler Mensch behandelt zu werden, und mit Mitleid braucht man mir nicht zu kommen.

Meine Geschwister ignorierten meine Behinderung in einem solchen Maße, dass die Folgen manchmal kitzlig waren. Mein großer Bruder und ich rauften ziemlich viel, und obwohl er acht Jahre älter ist als ich, war er nicht zimperlich dabei. Wenn er mich eben mal kurz durch die Luft schwenkte, dachte er nicht daran, dass meine Muskeln davon einen Krampf bekommen konnten. Auch das „Schubsspiel" war nicht ganz das Wahre für mich. Mein Gleichgewicht war gleich null; ein Klaps auf den Rücken genügte, und ich kippte um. Aber ich will mich nicht beklagen. Wäre ich der große Bruder gewesen, ich hätte es genauso gemacht.

Ich bekam als Kind keine großen Extrawürste gebraten. Das bedeutete, dass ich sie auch nicht vermisste. Als wir zum Beispiel in den Sommerferien auf der Insel Öland waren, war es klar wie Kloßbrühe, dass ich mitmachte, als es hieß: „Wir steigen auf den Langen Jan" (das war der Leuchtturm), obwohl alle wussten, dass ich anschließend mehrere Tage halbtot wäre. Ich war nicht „der kranke kleine Bruder", sondern ganz normal „der kleine Bruder", und das war ein tolles Gefühl. Selbstverständlich benutzte ich meine Behinderung auch nicht als Vorwand, nicht mitgehen zu müssen (ehrlich gesagt, ich fand, Leuchttürme seien nur etwas für Rentner und Omas). Also: Mund halten und mitgehen.

Wahrscheinlich war mehr als einer der Touristen, denen wir auf der endlos langen Wendeltreppe begegneten, etwas schockiert, als er sah, wie da ein offensichtlich spastischer Junge, der sich kaum auf den Beinen halten konnte, die Stufen hinaufstolperte, ohne dass seine Eltern und Geschwister auch nur eine Miene verzogen. Und der leere Rollstuhl am Eingang wird ihren Schock noch verstärkt haben („Sollten wir nicht besser die Polizei rufen?").

Einmal haben es meine Eltern mit ihrem Grundsatz, mich wie jedes andere Kind zu behandeln, vielleicht doch etwas übertrieben, und das war in einem Winterurlaub in Sunne, als ich elf Jahre alt war. „Heute fahren wir Ski", hieß es, einfach so. Meine Eltern zogen mir einen Skianzug und Skistiefel an und stellten mich auf ein Paar Skier. Mir wurde echt mulmig zumute, aber das störte die anderen nicht. Mein Vater schleppte mich zum Skilift und sagte: „So, gleich machst du deine erste Abfahrt." Meine Geschwister standen daneben und lachten aus vollem Hals.

Kurz darauf stand ich, der gewöhnlich im Rollstuhl durch die Gegend fuhr, auf meinen Streichholzbeinen am oberen Ende einer 500 Meter langen Skiabfahrt und bibberte nicht so sehr wegen der Kälte, sondern vor Angst. Aber es gab wohl kein Zurück … das sah ich ein, als ich runterschaute und unten meine Mutter entdeckte, die mir fröhlich zuwinkte.

Mein Vater setzte sich seine Skibrille auf und verkündete: „Ich fahr' dann nach dir." Und er schubste mich an.

Ich spüre es heute noch, das unheimliche Gefühl, als ich auf einmal in einem Wahnsinnstempo nach unten schoss. Ich versuchte mit aller Gewalt, meinen Körper in Schach zu halten, und war doch nahe daran, vor Angst ohnmächtig zu werden. Bremsen war Schwerstarbeit, Lenken nicht weniger. Ich machte etliche Besuche im Wald und lernte den Schnee so richtig aus der Nähe kennen. Ich weiß nicht mehr, wie oft ich zu Boden ging und mich schier überschlug, aber plötzlich war ich unten – und lebte immer noch.

Etwas anderes, was meine Eltern ganz bewusst taten, um meine Behinderung so klein wie möglich zu halten, war, dass sie mir Weihnachts- und Geburtstagsgeschenke machten, die nicht behindertengerecht waren. Unter anderem bekam ich ein Tischtennisspiel, ein Moped und ein Keyboard – lauter Dinge, die das Nützliche mit dem Angenehmen verbanden.

Heute frage ich mich, ob sich meine Eltern vielleicht nicht auch mit der Legoburg etwas gedacht hatten. Die Burg hielt mich eine ganze Woche beschäftigt. Zunächst brauchte ich ziemlich lang, bis ich auch den letzten Stein an die richtige

Stelle bekommen hatte – und als ich fast fertig war, bekam mein berüchtigter linker Arm den nächsten Krampf und riss mein Werk wieder ein, sodass ich von vorne anfangen musste.

„Dumme Hand, ab jetzt musst du alleine spielen …"

Ja, ich habe meinen Lieben für vieles zu danken. Vor allem dafür, dass sie mir so halfen, meine Ängste zu überwinden und nicht das Negative, sondern das Positive und Mögliche zu sehen. Dieses Positivdenken habe ich heute noch.

Aber falls ich eines Tages selbst einen spastischen Sohn haben sollte, ich weiß nicht, ob ich ihn so lebensgefährliche Dinge machen lassen würde. Man kann ja schon bei harmloseren Sachen ums Leben kommen als bei einer Skiabfahrt mit fast hundert Stundenkilometern …

Risikoabwägung hin, Vorsicht her – es gab Situationen, wo ich auf einmal vom Radarschirm meiner Eltern verschwand und drauf und dran war, nie mehr aufzutauchen. Ob daran meine Behinderung schuld ist, das weiß ich nicht; wohl die meisten Kinder haben Sachen erlebt, die richtig böse hätten enden können. Ich kann mich noch gut an das erste Mal erinnern, als der Film meines Lebens vor mir ablief, wie das so üblich ist, wenn man denkt: *Gleich bist du tot …* (Das zweite Mal war in dem Steinbruch bei Dalby, aber davon später mehr.)

Also gut, Sie werden jetzt sicher hören wollen, wie das beim ersten Mal war.

Wir machen Ferien in Florida. Ich bin zwölf Jahre alt. Wasser hat mich schon immer fasziniert; als also nach einer halben Stunde meine Eltern aus dem Swimmingpool steigen, um sich in die Sonne zu legen, will ich unbedingt noch ein bisschen im Wasser bleiben; ich verspreche auch, mich schön am Rand festzuhalten und zu rufen, wenn etwas ist.

Aber mit den Armen im Wasser plantschen, das ist supercool, finde ich.

Zu cool. Mein Übermut wird stärker als mein Verstand. Ich merke nicht, wie ich langsam vom Beckenrand weggleite. Just in diesem Augenblick verliere ich das Gleichgewicht, und schon bin ich unter Wasser. Ich sinke wie ein Stein. Ich liege auf dem Boden des Beckens, und meine Eltern liegen in der Sonne und ahnen nichts.

Und dann kommt plötzlich Gott. Glaube ich jedenfalls. Er kommt in der Gestalt eines hübschen vielleicht 25-jährigen Mädchens. Ich bin schon halb bewusstlos, aber dieses Gesicht, ich werde es nie vergessen. Sie sieht mich unten im Becken liegen, springt in das Wasser und zieht mich hoch.

Als ich am Beckenrand liege und wieder zu mir komme, will ich wissen, wo das Mädchen ist.

„Mädchen?", fragen meine Eltern. „Hier war kein Mädchen, wir haben niemanden gesehen!"

Den ganzen Tag suche ich das Mädchen, das mir das Leben gerettet hat. Oder war es vielleicht doch ein Engel, den Gott geschickt hat?

Zwischen meiner Mutter und mir ist immer eine ganz besondere Beziehung gewesen. Sie ist der Mensch, der mir auf meiner Lebensreise immer am nächsten gestanden hat, und sie ist ohne alle Zweifel mein größter Held. Ich weiß, dass sie mich sehr, sehr liebt, und diese in vielem so unbeschreibliche Liebe ist mit das Fundament für alle meine Fortschritte und Eroberungen im Laufe der Jahre gewesen. Sie hat mir eine solche Kraft gegeben! Neun Jahre lang blieb sie zu Hause und verzichtete darauf, „Karriere zu machen". Das klingt jetzt vielleicht politisch nicht sehr korrekt, aber ich bin ungeheuer froh darüber, dass sie diesen Weg ging. Sie war in diesen neun Jahren meine Lehrerin, Trainerin, meine Ausbilderin und mein Tröster in einer Person. Jeden Morgen war sie für mich da, jahraus jahrein. Sie half mir, das Frühstücksei zu schälen, das Milchglas zum Mund zu führen, die Hände zu waschen, wenn ich auf der Toilette gewesen war, mich anzuziehen, mich zu kämmen, die Zähne zu putzen. Sie schuftete und schwitzte jeden Tag für mich, aber kein einziges Mal hörte ich sie klagen über die viele Arbeit, die sie mit mir hatte. Alles, was sie tat, tat sie voller Stolz. Fantastisch!

Was ich an ihr am allermeisten bewundere, ist ihre unvergleichliche Wärme und Fürsorge. Es war gerade so, als ob sie an dem Tag, wo ich geboren wurde, noch ein zweites Herz bekommen hätte, das nur für mich schlug und sich ständig fragte, wie es mir ging und wie ich mich fühlte. Ich kann sie nicht mit Worten beschreiben, die Geborgenheit, die ich bei meiner Mutter erfuhr – dieses feste Wissen darum, dass da jemand war, der mich mit allem, was ich war und hatte, verstand.

Wenn ich an all die Stunden denke, die meine Mutter in mich investiert hat, all die Male, wo sie neben mir auf dem Sofa saß und mich einfach lieb hatte und mich aufmunterte und mich wieder lieb hatte und wieder aufmunterte, kriege ich Tränen in die Augen und lächele zum Himmel hoch. Gott, danke für meine Mutter!

Szenen aus dem Leben

Der Zeigefingerwalzer

Ich liege im Bett und höre, wie nebenan, in der Küche, meine Eltern mein Frühstückstablett richten. Es ist noch sehr früh, aber ich bin hellwach, denn heute habe ich Geburtstag.

„Herzlichen Glückwunsch zum Geburtstag, Jonas! Alles, alles Gute, jetzt bist du sieben Jahre alt!" Mama und Papa stellen sich neben mein Bett und lächeln so, wie nur sie das können.

Ich tue so, als ob ich gerade erst aufwache, und gebe meiner Freude darüber Ausdruck, wie gut den beiden ihre Überraschung wieder gelungen ist.

Nach etlichen Hurrarufen und drei Zimtbrötchen legt mein Vater mir ein Paket auf das Bett. Es ist ziemlich groß und schwer. *Das sieht nicht schlecht aus,* denke ich und fange an, das Geschenkpapier so schnell aufzureißen wie ich kann. Die Geburtstagstorte muss warten, erst muss ich mein Geschenk inspizieren!

Als der Kampf mit dem Papier zu Ende ist (ich glaube, ein paarmal habe ich sogar die Zähne zu Hilfe genommen), sehe ich endlich, was es ist: ein Keyboard.

EIN KEYBOARD! Ich quietsche vor Freude.

„Ja, wir haben gemerkt, dass du immer mit den Füßen den Takt schlägst, wenn du Musik hörst, und da …"

Ich bin nicht mehr zu bremsen. Ruck zuck lege ich das Keyboard zurecht, stecke den Stecker in die Wandsteckdose und drücke alle Knöpfe und Tasten, die ich kann. Ein Ton erklingt, dann der nächste … Ich bin begeistert.

Aber dann meldet sich meine Behinderung wieder. Typisch. Immer dann, wenn es am schönsten ist.

Ich entdecke zu meinem großen Verdruss, dass ich nur einen einzigen Finger benutzen kann (den rechten Daumen), um so etwas wie eine Melodie zu spielen. Die anderen Finger gehorchen mir nicht. Die Finger meiner linken Hand sind meilenweit entfernt von den richtigen Tasten; sie drücken Akkorde, die noch kein Mensch gehört hat, geschweige denn als Musik genießen kann.

Aber ich bin leicht zufriedenzustellen. Und Feuer und Flamme bin ich sowieso, und so sitze ich stundenlang da und spiele. Mit meinem rechten Daumen lerne ich „Alter Noah" und

„Kleine Schnecke, pass schön auf". Nun ja, wenn man weiß, dass es diese Lieder sein sollen, erkennt man die Melodien.

Meine Eltern bereuen es alsbald bitter, mir dieses laute Ding geschenkt zu haben. Lange nach meiner Zubettgehzeit sitze ich immer noch da und spiele diese beiden Melodien, immer wieder, wie ein Mantra.

„Schlaf gut, Jonas", sagen sie etliche Male. Merkt der Junge denn immer noch nicht, wie spät es ist?

„Morgen früh musst du um halb acht zur Schule."

Aber ich bin in einer anderen Welt. Ich fordere meine linke Hand zum Duell. „Spiel' endlich richtig, sonst kannst du was erleben!" Das wäre doch gelacht ...

Bis weit nach Mitternacht bringe ich mir bei, auch mit dem Mittelfinger zu spielen. Was für ein Sieg! Wenn ich meinen Erfolg auf einer Skala von 1 bis 10 bewerten könnte, wäre das hier eine glatte 9 mit Sternchen. Ungeahnte Möglichkeiten tun sich mir auf. Jetzt kann ich auch die schwierigeren Stücke versuchen: „Love me tender" und den alten Wikingerschlager „O, wie schön ist's auf Hawaii".

Kapitel 3

Meine Spastikerausrüstung

Nein, ich bin kein Tourist.

Nein, meine Schuhe kommen nicht aus Restbeständen der DDR.

Nein, das hier ist nicht der Stadtplan von Lübeck, sondern meine Sprechhilfe!

Ganz ehrlich gesagt: Die meisten der Hilfsmittel, die ich als Kind und noch als Teenager zum besseren Umgang mit meiner Behinderung bekam, habe ich herzlich gehasst. Ich weiß nicht, ob es so etwas wie eine Hilfsmittelallergie gibt, aber falls ja, dann habe ich eine gehabt.

Es scheint ein ungeschriebenes Gesetz zu geben, dass man als Behinderter die Hilfsmittel, die man bekommt, zu lieben hat. Es gibt ja so viele romantische Mythen, die sich um das Thema „Behinderung" ranken. Zum Beispiel, dass unsereiner eine bestimmte Musik liebt und mit Wonne Puzzles legt. Und dass er gar nicht genug Rollstühle, Krücken, Spezialschuhe, Sturzhelme und weiß der Henker, was kriegen kann.

Da bin ich anders, kann ich ehrlich sagen. Ich habe nie größere Probleme damit gehabt, dass ich für bestimmte Sachen halt etwas länger brauche. Was mich dagegen furchtbar störte, war meine sperrige, hochkomplizierte „Spastikerausrüstung", die ich dauernd dabeihaben musste und mit der ich so komisch aussah. Es war gerade so, als ob ich ein Schild um den Hals hängen hatte, auf dem stand: „Achtung, Spastiker!"

Fünfzehn, zwanzig Jahre lang musste ich mich mit meiner „Allergie" herumschlagen. Ich glaube, das letzte Hilfsmittel, das ich benutzte, waren die besagten braunen Schuhe, die ich vor ein paar Jahren abschaffte.

Halt, ich will nicht lügen. *Ein* Hilfsmittel benutze ich immer noch. Ich entdeckte es beim Schreiben dieses Buches. Es ist eine Art Gitter oder Raster, das ich über die Tastatur meines Computers lege, um die Buchstaben besser zu treffen, und ich muss zugeben, *dieses* Hilfsmittel mag ich. Das ist wohl die berühmte Ausnahme, die die Regel bestätigt.

Aber was waren also die anderen Hilfsmittel, die ich alle benutzte?

Man könnte die Frage auch umdrehen und fragen, was für Hilfsmittel ich *nicht* benutzte. Mein Eindruck war jedenfalls, dass ich ständig etwas Neues angeboten bekam; war es nicht der dritte Käsehobel für Linkshänder, dann war es der zweite Handschuh zum Nasenbohren. (Viele Behinderte wissen nur zu gut, wovon ich rede.) Wenn ich in diesem Kapitel sämtliche Hilfsmittel aufzählen würde, die ich schon gehabt habe, würde es schier kein Ende nehmen; ich beschränke mich also auf einige von denen, die ich am meisten benutzte. Und auf einige von denen, die mir am meisten Kopfschmerzen machten.

Mein größtes und sichtbarstes Hilfsmittel war natürlich mein Rollstuhl. Ich benutzte ihn jeden Tag. Wenn ich mehr als dreißig Meter außerhalb des Hauses zurücklegen wollte, musste ich mich in den Stuhl setzen, sonst wäre ich öfter auf den Boden gesegelt als ich Pflaster hatte.

Eigentlich weiß ich selbst nicht genau, warum ich meinen Rollstuhl nicht mochte, aber es muss wohl daran gelegen haben, dass er so klobig und umständlich war. Wenn ich schlechte Laune hatte, nannte ich ihn den „Spastikerstuhl". Ich empfand ihn als nicht notwendiges Übel.

Nach vielem Hin und Her bekam ich endlich von meinen Ärzten den Bescheid, dass es für mich keine Gefahr bedeutete, auf meinen eigenen Beinen zu gehen; es fiel mir halt nicht so leicht wie den anderen Menschen. Es war eine Tortur für mich gewesen, die ganze Zeit still zu sitzen; meine Beine juckten förmlich vor überschüssiger Energie. Das ging mir echt auf die Nerven, und oft träumte ich von einem Leben ohne Rollstuhl. Jedes Mal, wenn ein Rad des Rollstuhls einen Platten hatte, war ich glücklich.

Ein anderes Hilfsmittel, das bei mir nicht sehr hoch im Kurs stand, war meine sogenannte BLISS-Karte. Das ist eine Karte, auf der die verschiedensten Symbole abgebildet sind. Meine war auseinandergefaltet gut einen Quadratmeter groß. Jawohl, Sie haben recht gelesen! Ich verschwand praktisch hinter ihr, wie der berühmte Ehemann hinter der Frühstückszeitung. Was die Karte bringen sollte? Mir helfen, mich besser verständlich zu machen. Das Prinzip war einfach: Man zeigte nacheinander mit dem Finger auf eine Reihe von Symbolen und bildete so „Sätze". Das Problem war nur, dass auf der Karte Hunderte von Symbolen abgebildet waren und dass ihre Anordnung nicht besonders logisch war. Man brauchte unendlich lange, um mithilfe dieser Karte zu „reden". Oft waren meine „Sätze" auch unvollständig, weil ich Wörter, die zu suchen mir zu mühsam war, ausließ. Was dann natürlich zu Missverständnissen führte. Wie sollte mein Gegenüber wissen, dass ich ein sehr dringendes Bedürfnis hatte, wenn ich fünf Mal hintereinander das Kot-Symbol zeigte?

„Komm, Jonas, reiß dich zusammen!"

Je älter ich wurde, um so größer wurde das Elend mit der Symbolkarte.

Als ich in die sechste Klasse ging, hatten wir eine Klassendisco, und ich wollte mithilfe dieser Karte eines der Mädchen fragen, ob es Lust hatte, mit mir zu tanzen. Der Erfolg war mäßig. Es fing damit an, dass sie meinen schmachtenden Blick und mein Kavalierslächeln nicht sehen konnte, weil mein Kopf ja hinter der Karte steckte. Es ging weiter damit, dass sie, als ich dann endlich das meisterhaft versteckte Tanz-Symbol gefunden hatte, schon längst bei einem anderen angekommen war. Das Mädchen war echt süß, und ich war so enttäuscht, dass ich auf dem Nachhauseweg die Karte kurzerhand in einen Papierkorb schmiss. Es dauerte lange, bis ich mich mit dem Gedanken anfreunden konnte, eine neue Karte zu benutzen.

Ein anderes Hilfsmittel waren meine Schuhe. Bevor ich die braunen bekam, hatte ich diverse andere Modelle. Ein Paar hieß *Forest Town* (mich erinnerte das immer an Forrest Gump) und war in Gips gegossen, speziell für meine, und nur meine, Füße. Ob sie schwer waren? Und wie! Aber sie hatten einen edlen Sinn; sie sollten nämlich meine butterweichen Fußgelenke stützen. Ich konnte auch tatsächlich besser stehen in ihnen, aber wie es mit dem Laufen und Rennen war mit solchen Ziegelsteinen an den Füßen, das steht auf einem anderen Blatt.

Um noch mehr für meine Fortbewegung zu tun, benutzte ich jahrelang einen Rollator. Eigentlich war er nicht schlecht, denn mit ihm konnte ich auf meinen eigenen Beinen von meinem Zimmer bis in die Küche gehen, ohne den unförmigen Rollstuhl. Das Problem war nur, dass die Räder besagten Rollators in die Richtung gingen, in die sie wollten, sodass ich oft nicht in der Küche landete, sondern in der Toilette, wo das Wenden des Rollators einige Zeit in Anspruch nahm. Und wenn ältere Bekannte uns besuchten, fühlte ich mich ihnen ein wenig zu sehr verbunden. Nein, eigentlich mochte ich den Rollator auch nicht.

Mein Spezialstuhl hatte sowohl Arm- als auch Bauchstützen, und es war eine Kunst für sich, auf ihm Platz zu nehmen. Er war nämlich so konstruiert, dass man mich in ihn hinein- bzw. aus ihm heraushieven musste. Und saß ich endlich drinnen, brauchte ich noch ein Klettband, damit ich nicht hinunter auf den Fußboden fallen konnte.

Nun gut, solange ich klein war, ging das Ganze noch, aber als ich ins Teenageralter kam, war es nicht mehr sehr lustig, Papa zu bitten, mich nach dem Essen aus dem Stuhl zu heben. „Pass doch auf, du zerknitterst mir das Hemd!"

Ich danke Gott, dass ich heute auf einem normalen

Stuhl sitzen kann. Ich wäre sonst Schwerarbeit für meine Freunde!

Selbst die Bestecke, mit denen ich aß, waren Spezialanfertigungen. Sie hatten dickere Griffe, damit ich sie besser halten konnte. Doch trotzdem mussten meine Eltern mir jahrelang den Löffel zum Mund führen, weil meine Arme zu sehr zuckten, um es selbst zu machen. Wenn ich es wissen wollte und manchmal versuchte, selbst mit Messer und Gabel zu essen, musste ich vorher eine Sonnenbrille aufsetzen, damit ich mir nicht in die Augen stechen konnte.

Ein Hilfsmittel hatte ich fast vergessen. Bis letzten Sommer, als mein Vater sagte, dass er jetzt „die Rampe" abbauen würde. Ich musste ein gutes Stück nachdenken, bis mir dämmerte, dass es ja seit meiner Kindheit immer die Rollstuhlrampe außen an unserer Hintertür gegeben hatte. Ich glaube, ich kann an fünf Fingern abzählen, wie oft ich die Rampe benutzte, aber für Oma war sie nicht schlecht. Vielleicht hätte mein Vater sie doch nicht abmontieren sollen …

Kapitel 4

Warum bin ich nicht so wie die anderen?

Ich glaube, meine ganze Kindheit hindurch bin ich öfter zum Arzt als zu Großmutter oder Großvater gefahren. Dauernd gab es die nächsten Untersuchungen und Tests, damit die Ärzte feststellen konnten, ob es mit mir vorwärts oder rückwärts ging. Psychologen, Krankenschwestern, Logopäden, Verhaltenstherapeuten, Einschulungsberater – kein Wunder, dass ich mich manchmal fragte, ob irgendetwas bei mir nicht stimmte …

Zum Glück machte meine Entwicklung gute Fortschritte, aber diese unzähligen Arzt- und Krankenhausbesuche zeigten mir nur zu deutlich, dass ich – ja, anders war als andere Kinder, und dieses Anders-Gefühl nistete sich bald in meinem Herzen ein. Als ich vielleicht sieben oder acht Jahre alt war, bekam ich etwas, das man wohl „Identitätskrise" nennen muss. Wer war ich eigentlich? Was würde aus mir werden? Ich wusste es nicht. Ich wusste nur, dass dann, wenn meine Freunde Fußballspielen gingen, ich natürlich zum Doktor musste. Es war ein unwirkliches Gefühl. Und ein elendes.

Die vielen Arztbesuche und all die Hilfsmittel, die ich bekam, verstärkten dieses Gefühl, dass ich „anders" war, immer mehr. Die Hilfsmittel, so sagte man mir, waren dazu da, mir zu helfen, darum hießen sie ja so … Ich empfand sie eher als lästig. Heute, im Rückblick, sehe ich, dass ich als Kind in eine „Hilfsbedürftigkeitsmentalität" hineinrutschte. Trotz allem. Für mich war das wie ein Gefängnis. Diese ganzen komischen Gegenstände, sie erstickten mich schier. Ich schnappte nach Luft. Nach der Luft der Freiheit.

Aus lauter Protest fing ich schließlich an, trotzig „Nein" zu sagen zu den Hilfsmitteln. Zu allen. Ich wollte nicht noch mehr Sachen, die mir meine Behinderung nur noch mehr unter die Nase rieben. Ich merkte sie so schon mehr als genug.

Die Sachbearbeiter der Krankenkasse verstanden die Welt nicht mehr, als meine Eltern ihnen eröffneten, dass Jonas keine Hilfsmittel mehr wollte. „Er weigert sich ganz einfach …"

Wie das? Wie konnte ein Spastiker nur einen Behinderten-PC ablehnen oder einen Elektrorollstuhl oder die schönen bunten Spezialschwimmreifen? Außer mir schien es nicht viele zu geben, die so widerspenstig waren. Aber ich merkte, wie ich ohne all dieses Zubehör endlich freier atmen konnte.

Dass mich niemand missversteht: Wer wirklich bestimmte Hilfsmittel braucht, soll sie natürlich bekommen. Es ist toll, dass es Erfindungen gibt, die den Menschen das Leben einfacher machen, ich habe absolut nichts dagegen einzuwenden. Was ich meine, ist dieses: Wie viele andere Behinderte, die ich kenne, nahm auch ich manchmal ein Hilfsmittel einfach deswegen an, weil es mir zustand. Dies wurde mit der Zeit ein richtiger Automatismus, sodass zum Schluss keiner mehr sich fragte, ob wir diese Dinge denn überhaupt brauchten oder ob wir nicht lediglich das „Ich armer Spastiker"-Syndrom hatten.

Vielleicht denken Sie jetzt: „Augenblick mal, Einbildung ist auch eine Bildung. Für wen hältst du dich? Für Tarzan, oder was? Man kann es auch übertreiben mit dem Schicksal-Herausfordern. Wäre es nicht besser, du bist vernünftig und akzeptierst deine Grenzen? Dann erlebst du auch nicht so viele Enttäuschungen."

Kann gut sein, dass das die vernünftigste Einstellung ist – und die, die, wie die Psychologen das ausdrücken, „zur inneren Harmonie und Versöhnung mit sich selbst führt". Aber mir war ziemlich egal, was die Psychologen sagten. Ich war zu einfach strukturiert und zu wütend, um mich mit einer solchen Theorie anzufreunden – und ehrlich gesagt, ich verstehe sie heute noch nicht so richtig. Soll man also seine Grenzen und Defizite einfach passiv schlucken und nicht darauf hoffen, dass es besser wird mit einem? Solch ein Denken ist zu hoch für mich. In mir war einfach zu viel Dampf, als dass ich mich schön brav in meiner Behinderung einrichten konnte. Ich weigerte mich, zu glauben, dass ich zu einem Leben zweiter Klasse verurteilt war. Ich wollte kämpfen! Und gewinnen!

Als ich zehn oder elf Jahre alt war, fing ich an, über meine Zukunft nachzudenken. Wie würde mein Leben aussehen, wenn ich älter war?

Dieses Nachdenken gab mir einen richtigen Kick. Ich erlebte so etwas wie eine innere Berufung: den Ruf, mein Leben dem entschlossenen Kampf gegen das „Schicksal" zu weihen, das seit dem Brutkasten auf der Entbindungsstation wie ein schwerer Rucksack auf mir lag. Ich war nicht bereit, die Rolle des passiven Zuschauers in einem Spastikerleben zu spielen; ich wollte alles tun, was in meiner Macht stand, um es zu einem *besseren* Leben zu machen. Ich wurde so vom Ehrgeiz gepackt, wenn ich mich meinen Träumen hingab, dass ich mir ein ganz bestimmtes Ziel setzte. Damals schien es die reinste Utopie, ja Illusion zu sein. Ich stellte mir nämlich vor, dass ich eines Tages so gesund sein würde, dass die Leute sich nicht recht vorstellen konnten, dass ich einmal ein Spastiker gewesen war. „Sag mal, wie war das, damals in deinem früheren Leben ..."

Ja, ich ging mit großen Gedanken schwanger. Nach und nach fing ich an, von richtig heftigen Dingen zu träumen – Dinge, die ich früher als für einen Spastiker absolut tabu betrachtet hatte. Ich träumte davon, eines Tages Auto zu fahren. Ich träumte davon, zu heiraten und eine Familie zu gründen. Ich stellte mir vor, wie es war, sich vollständig selbst anzuziehen.

Wenn ich heute an diese spannenden Träume zurückdenke, darf ich zufrieden feststellen, dass sie nicht einfach das frustrierte Aufmucken eines kleinen Jungen gegen sein unabänderliches Schicksal waren. Nein, die Tatsache, dass ich es wagte, so zu träumen, wurde ein Meilenstein in meinem Leben, und noch heute sind diese Träume etwas sehr Wichtiges für mich. Die Fantasien des Elfjährigen, sie haben sich unauslöschlich in mein Herz und Hirn eingebrannt. Sie leben heute noch und sind ein großer Teil meiner Identität. Ich bringe es nicht fertig, mich mit dem, was ist, einfach abzufinden; ich strecke mich pausenlos nach etwas Größerem aus, nach etwas, das ich in meinem Inneren vor mir sehe. Und je unmöglicher es ist, umso besser!

Seit ich mit meinen Träumen angefangen habe, spiele ich immer wieder ein kleines Spiel mit mir selbst. In diesem Spiel geht es darum, so viele „Nein" wie möglich in ein „Ja" zu verwandeln. Das geht so: Wenn etwas, das ich tun will, „NEIIN!" schreit, gebe ich nicht auf, sondern schreie aus vollem Hals dagegen: „JAAAAA!!" Das ist ungefähr so, als wenn man einem Dreijährigen verbietet, etwas anzufassen, und das Kind antwortet trotzig: „Doch!"

Das klingt jetzt vielleicht kindisch, aber dieses Spiel macht mir das Leben richtig schmackhaft. Wenn ich höre, dass irgendetwas unmöglich für mich ist, startet das einen inneren Motor in mir und ich bin wild entschlossen, das Gegenteil zu beweisen. Nicht sosehr den anderen, sondern mir selbst: *Und das geht doch!!*

Ein Spastiker kann nicht Auto fahren. Ein Spastiker kann nicht in einer eigenen Wohnung leben. Ein Spastiker kann nicht jeden Beruf erlernen, den er will.

Wenn ich solche Sprüche höre, wird in mir so etwas wie ein Preisboxer wach: Denen werde ich es zeigen ... Dass der Weg dorthin ein ziemliches Zickzack sein kann, ist eine andere Geschichte.

Es muss dabei gar nicht immer um die großen Dinge des Lebens gehen. Vieles, was für andere nicht der Rede wert ist – zum Beispiel ein volles Glas Wasser zum Tisch tragen, ohne etwas zu verschütten, meinen Namen so sagen, dass mein Gegenüber ihn beim ersten Mal versteht, oder einfach in der Hocke sitzen –, ist für mich ein kolossaler Fortschritt;

wenn mir so etwas gelungen ist, kennt meine Begeisterung keine Grenzen. Ich muss kämpfen – nicht gegen andere, sondern mit mir selbst –, um der beste Jonas zu werden, den es geben kann.

Einen Großteil dieses Kampfes führe ich natürlich gegen meinen eigenen Körper. Das liegt vor allem an meinen Spasmen. Ich kann mich an keinen Tag in meinem Leben erinnern, an dem ich nicht diese unfreiwilligen Zuckungen gehabt hätte. Sie sind einer der Gründe dafür, dass mein Körper mir manchmal eine richtige Last ist. Als ich noch klein war, waren diese Bewegungen so „ungezähmt", dass ich oft eine richtige Gefahr für meine Umgebung war. Manchmal schien mein ganzer Körper eine einzige große Clown-Show zu sein. Keiner wusste, was als Nächstes passieren würde – vielleicht eine Kopfnuss für meinen Nebenmann? Und wenn ich dann „Entschuldigung!" sagte, sausten meine beiden Arme automatisch in die Luft, so als ob ich gleich fliegen wollte. Nach so einer Vorstellung fühlt man sich etwas geknickt. Echt.

Die ersten zwanzig Jahre meines Lebens machte mein linker Arm nur das, was er wollte. Wenn wir zu Tisch saßen, flogen die Kaffeetassen und Ketchupflaschen in alle Richtungen, und wenn ich ein Bild malen wollte, konnte der Hals eines Hundes auf einmal so lang wie der einer Giraffe werden …

Auch mein linkes Bein machte gerne seine Extratouren. Ein Meisterdetektiv, der auf der Suche nach dem Täter war, hätte unfehlbar auf dieses Bein getippt. Mal knickte es urplötzlich ein, mal spielte es das Telegrafenmasten-Spiel, das heißt, es wurde steif wie ein Brett und ließ sich nicht mehr beugen. Wenn es seine steife Phase hatte und ich mich setzen wollte, musste ich fast in den Spagat übergehen, und oft konnte ich dann anschließend nicht mehr selbst aufstehen. Das Bein hatte auch die Neigung, sich nach innen zu drehen, sodass ich einen ständigen Rechtsdrall hatte.

Was kriegt man, wenn man einen spastischen Arm und ein spastisches Bein addiert?

Die richtige Antwort lautet: viel Mühe beim Anziehen der Strümpfe!

Der Kampf mit den Socken ist einer der Kämpfe, die mich mein ganzes Leben lang begleitet haben. Das Problem ist, dass ich, solange ich mich zurückerinnern kann, immer zwei ganz unterschiedliche Techniken zum Strumpfanziehen gebraucht habe: eine für den rechten und eine für den linken Fuß. Meinen rechten Fuß kann ich auf mein linkes Bein legen, aber das Umgekehrte geht nicht. Dafür kann ich das linke Bein sehr viel weiter anziehen als das rechte. Damit alles klappt, muss ich mich erst einmal auf einen Stuhl setzen, der weder zu hoch noch zu niedrig sein darf und eine gute Rückenlehne haben muss, sonst endet das Spektakel unweigerlich auf dem Fußboden.

Aber selbst wenn diese Bedingungen alle perfekt erfüllt sind, ist das noch keine Garantie für ein gutes Ergebnis. Es kommt nämlich auch darauf an, ob mein Arm und mein Bein einen guten oder einen schlechten Tag haben. Manchmal kann ich den Socken noch nicht einmal in die Nähe des Fußes bringen.

Als ich klein war, konnte das Strumpfanziehen bis zu zehn Minuten dauern. Mein neuester Rekord liegt bei 52 Sekunden.

40

Der Katzenschwanz

„Mama, guck, auf der Veranda sitzt eine Katze!"
Ich gehe an die Kommode und hole die Einwegkamera,
die ich vor einer Woche gewonnen habe, aus der Schublade.
Dann schleiche ich mich durch die Küchentür nach draußen,
um die schöne braun gefleckte Katze aufs Bild zu bannen. Im
Geiste blättere ich schon in einem ganzen Katzenalbum ...

Aber als ich die Kamera an mein Auge halte, sehe ich nichts;
in der Linse flimmert es nur.

Macht nichts; ich drücke den Auslöser und hoffe das Beste.

Klick.

Die Katze posiert weiter schön an dem Terrassengeländer,
und ich knipse die nächsten Bilder.

Klick. Klick.

Ich sehe überhaupt nicht, was ich da fotografiere, aber das
macht nichts. Was soll schon schiefgehen bei so einer schönen
Katze?

Einige Zeit später sind die entwickelten Bilder endlich da.
Endlich!! Voller Erwartung öffne ich den Umschlag, hole die
Bilder heraus und schaue mir das erste an.

Aber ... was ist das?

Haben die mir die Bilder von jemand anderem geschickt?
Auf dem ersten Bild ist nämlich überhaupt keine Katze zu
sehen, nur ein alter Holzfußboden.

Ich seufze und nehme mir das nächste Bild vor. Auch hier
keine Katze, dafür etwas, was unserer Hollywoodschaukel
verdächtig ähnlich sieht.

Aber halt ... da, in der unteren rechten Ecke! Ist das nicht
der Schwanz der Katze? Na ja, der halbe jedenfalls.

Aber es sind ja noch dreizehn Bilder übrig; so schnell gebe ich mich nicht geschlagen.

Bild Nr. 3 ist besser, aber noch lange nicht gut. Am linken Bildrand ist verschwommen der Kopf der Katze zu sehen.

Bild Nr. 4 ist der nächste Flop – eine Nahaufnahme von meinem Finger. Der muss wohl vor die Linse gekommen sein.

Die übrigen Bilder zeigen nacheinander die Beine der Katze, wieder den Kopf (nur am anderen Bildrand), dann den Leib (ohne Kopf und Beine) und schließlich das Hinterteil, von hinten betrachtet. Was für ein Mist! Fünfzehn Fotos, und nicht eine einzige vollständige Katze.

Erst bin ich traurig, aber dann habe ich eine Idee. Ich werde die Bilder ausschneiden und zusammenkleben. Auf diese Art kann ich die komplette Katze rekonstruieren. Den Schwanz muss ich allerdings aus drei Stücken zusammenleimen.

Kapitel 5

Ich komme in die Schule

Als ich in die Grundschule kam, wurde extra wegen mir eine Gesamtkonferenz einberufen. Einziger Tagesordnungspunkt: Wer ist Jonas Helgesson und was muss man tun, um ihm den Schulbesuch so leicht wie möglich zu machen?

Hier Auszüge aus dem Protokoll dieser Konferenz:

„Jonas ist Spastiker. Aufgrund der Verspannungen in der Muskulatur seiner Beine, Hände, aber auch der Zunge und Schluckmuskeln etc. hat er große Schwierigkeiten bei der Kontrolle seiner sämtlichen Bewegungen. Mit den Beinen hat er viel geübt. Die motorischen Probleme beim Sprechen bedeuten, dass man ihn nur schwer verstehen kann. Er hat deswegen ein alternatives Kommunikationsmittel. Seine Sprachfantasie und Wortschatz sind extrem gut. (…) Jonas wird ganztägig einen Betreuer bekommen. (…) Für Ausflüge etc. wird ihm in der Schule ein Rollstuhl zur Verfügung gestellt, der von der Krankengymnastin im Brorströmsgård bestellt wird. Jonas muss im Haus ständig Schuhe tragen (…). Er muss ein Klassenzimmer bekommen, das außen liegt, damit er nicht die schweren Türen im Haus öffnen muss. Jonas wird von einer Sprechtherapeutin gefördert werden. Für seinen Stuhl in der Schulmensa braucht er eine feste Fußstütze sowie eine Antirutschunterlage, die beide vom Arbeitstherapeuten besorgt werden. (…) Es wird sukzessive eine BLISS-Karte zusammengestellt werden."

Das mit der „extrem guten" Sprachfantasie und dem Wortschatz finde ich neckisch. Vielleicht wog das in den Augen meiner Lehrer meine ganze Behinderung auf. „Jonas ist zwar ein ziemlicher Spastiker, aber seine Gedichte zur Bescherung unterm Christbaum solltet ihr mal hören …"

Aber Spaß beiseite: Dieser Satz in dem Protokoll ist Balsam für meine Seele. Er zeigt ja, dass diese Leute etwas bei mir sehen konnten, das nichts mit meiner Behinderung zu tun hatte, und ich glaube, damit wurde diese automatisch ein Stückchen kleiner.

Zu allen meinen übrigen Hilfsmitteln sollte ich jetzt also auch noch einen „Betreuer" bekommen. Der Gedanke ließ mein Herz nicht unbedingt höher schlagen. Ständig jemanden um mich haben, der nach mir schaute – was sollte das? Ich kam bestens selbst zurecht, danke der Nachfrage.

Aber nachdem ich gleich in der ersten Woche zwei Mal auf dem Schulhof umgerannt worden war und eine Gehirnerschütterung bekommen hatte, nachdem ich mich geweigert hatte, meinen Rollstuhl zu benutzen, fügte ich mich und ließ meinen Betreuer gewähren.

Die ersten Jahre in der Schule waren ganz nett. Nun ja, wenn man die ganzen Blaulichtfahrten ins Krankenhaus nicht mitzählt. War es nicht die nächste Gehirnerschütterung, war es ein verstauchter Arm, ein beschädigtes Knie oder gleich alles zusammen. Wenn meine Eltern einen Anruf von meinem Betreuer bekamen, wussten sie schon, was die Stunde geschlagen hatte. „Okay, das gleiche Krankenhaus wie immer?"

Als ich in die zweite Klasse ging, teilte uns unsere Lehrerin bei einer Klassenbesprechung das Ergebnis einer Untersuchung mit, die die Schule gerade durchgeführt hatte. Alle in der Klasse hatten aufschreiben müssen, mit welchen Mitschülern sie am liebsten spielten. Der Sinn der Übung war, dem Lehrkörper zu zeigen, ob irgendjemand dabei war, zum Außenseiter zu werden. Und siehe da, „Helge", wie man mich hier nannte, hatte die meisten Punkte bekommen.

Ich will damit nicht angeben. Der Grund dafür, dass so viele mich genannt hatten, war wahrscheinlich schlicht der, dass unser Garten der größte war; hier konnte man wunderbar Hütten bauen und Fußball und Verstecken spielen. Aber meine Eltern freuten sich mächtig über das Ergebnis dieses Beliebtheitstests. Sie hatten sich Sorgen gemacht, wie das wäre, wenn ich zur Schule ging. Jetzt konnten sie aufatmen; das große Mobbingopfer war ich jedenfalls nicht geworden.

Das Erlebnis, das einem Mobbing noch am nächsten kam, hatte ich wohl, als irgendwo auf der Mittelstufe ein Junge in meiner Klasse mit der Leier anfing: „Bist du'n Spastiker, wie? Bist du'n Spastiker, wie?"

Ich weiß nicht, was in mich fuhr, aber der Knabe war ein

adoptierter Inder, und so fing ich eines Tages an und sagte: „Bist du'n Neger, wie? Bist du'n Neger, wie?"

Der Knabe war platt und sah alsbald ein, dass wer anderen eine Grube gräbt, selbst hineinfällt. Nach ein paar Tagen begruben wir das Kriegsbeil in aller Form und waren wieder Freunde.

Aber nicht nur das: Genau dieser Mitschüler wurde in den letzten Schuljahren mein „Leibwächter". Sobald jemand mich auch nur einen Millimeter schief ansah oder etwas sagte, was auch nur um drei Ecken herum hässlich war, war er wie der Wind zur Stelle und erklärte jedem, der es hören wollte, dass der, der Jonas ein Haar krümmte, es unweigerlich mit *ihm* zu tun bekommen würde. Ich weiß nicht, was den anderen mehr Respekt einflößte: seine wortgewaltigen Flüche oder seine extrem hohen Karatetritte in die Luft.

Ich habe die Erfahrung gemacht, dass die Menschen, sobald sie mich etwas kennengelernt haben, nicht mehr an meine Behinderung denken. Irgendwie registrieren sie meine komischen Bewegungen und meine nuschelige Stimme nicht mehr. Ich bin einer von ihnen geworden.

Einer meiner Klassenkameraden erzählte mir einmal von einem Gespräch, bei dem er ein paar Augenblicke lang ein Brett vor dem Kopf hatte. „Du kennst doch diesen Behinderten?", hatte ihn jemand gefragt.

Mein Kumpel erwiderte: „Behinderten? Nee."

„Doch, du weißt doch ... Der heißt Jonas oder so ähnlich ..."

Mein Kumpel musste eine ganze Weile überlegen, bis ihm dämmerte, wen der andere da meinte.

„Ach so, du meinst Helge! Na klar kenn' ich den."

Aber einen „Behinderten" kannte er nicht.

Ein Mobbingopfer bin ich also nicht geworden. Dafür habe ich mehr als ein Mal den süßlichsauren Geschmack der besonderen Rücksichtnahme auf Behinderte im Mund gespürt. Ich weiß natürlich, dass die meisten Menschen es nur gut meinen, aber gerade diese „Sonderbehandlung" hat mich viel Kräfte gekostet. Da meine Eltern mich vom ersten Lebensjahr an bewusst nicht „anders" behandelten, komme ich mir richtig komisch vor, wenn ich das dann plötzlich erlebe. Ich werde sofort nervös, wenn ich merke, wie meine Mitmenschen sich die Behutsamkeitshandschuhe überstreifen, wenn sie in meine Nähe kommen. Und ohne selbst zu wissen, wie, werde ich von dem „Vorsicht, der kleine Jonas ist behindert"-Virus angesteckt.

Ich erinnere mich noch, wie wir in unserem Klassenzimmer die Tische umräumten. Die Lehrerin, die sicher nur nett sein wollte, fragte die Jungen, ob sie ihr behilflich sein konnten. Sie fragte alle Jungen – außer mir! Und so stand ich da unter den Mädchen und schaute zu, wie die übrigen Jungen sich als Möbelpacker und echte Männer betätigten.

Damit keiner meine Tränen sah, schlich ich mich auf die Toilette.

Diese peinliche Rücksichtnahme auf meine Behinderung verfolgt mich heute noch. Ich habe mittlerweile besser gelernt, mit dieser Hypothek umzugehen, sodass sie mich nicht mehr so schnell belastet. Aber noch heute erlebe ich es, wie mich, etwa wenn ich in einem Restaurant zur Toilette gehe, die „Freundlichkeit" der Menschen eher verletzt als erbaut.

Ich fahre Rad

Ich steige auf das Fahrrad meines Freundes, das keine Stützräder hat.

Ich möchte einfach mal spüren, wie sich das anfühlt.

Mein Freund sagt, dass er ja den Gepäckträger festhalten kann, während ich strampele.

„Ja, das probieren wir!", sage ich mit glitzernden Augen.

Aber meine Angst ist fast so groß wie meine Begeisterung, denn das hier, es ist absolut tabu. Ich bin doch Spastiker, ich habe gefälligst meine Stützräder zu benutzen, die (nun ja, nicht ganz) so groß wie Traktorreifen sind.

Was soll's, man lebt nur ein Mal. Und ich steige in die Pedale.

Anfangs geht das nicht besonders gut. Meine Beine sind verschieden stark, sodass mein Gewicht dauernd auf dem rechten Bein ist. Das Knie knackt bedenklich, und das Öl von der Kette malt meine Hosenbeine schwarzbraun.

Mein Gleichgewicht ist auch nicht besonders gut. Ein um das andere Mal falle ich hin mit dem Rad, liege auf dem unbarmherzig harten Boden und stöhne und jammere. Aber wenn wir dann den Lenker wieder richtig gedreht und meine Hosen abgeklopft haben und ich meinen Frust hinausgeschrien habe, fangen wir wieder von vorne an. Der nächste Versuch, bitte. Und der nächste.

Ungefähr beim einundzwanzigsten Versuch trete ich die Pedale ziemlich lange.

Nach einer Weile will ich meinem Kumpel signalisieren, dass ich anhalten will, aber er reagiert nicht.

„ICH WILL ANHALTEN!", rufe ich.

Immer noch keine Antwort.

Ich drehe mich um und sehe meinen Freund. Er steht fünfzig Meter entfernt.

Nein, er steht nicht, er hüpft vor Begeisterung.

Mannomann!, denke ich. Da bin ich ganz alleine Rad gefahren! Ohne es zu wissen. Was für ein Ding.

Von Stund an weigere ich mich, die großen Traktorstützräder zu benutzen. Sie sollen in der Garage in der Ecke stehen und sich schämen.

Aber dass ich jetzt ohne Stützräder Fahrrad fahren kann, bedeutet natürlich nicht, dass ich kein Spastiker mehr bin. Ich baue die gleichen Unfälle wie vorher auch, nur mit dem Unterschied, dass die Folgen schwerer sind.

In jeder Kurve habe ich Angst um mein Leben.

Ich fühle mich richtig nackt.

Meine Lebensversicherung – die Stützräder – ist nicht mehr da.

Ungefähr ein Mal pro Stunde fahre ich in einen Briefkasten, eine Hecke, eine Hauswand, eine Schaukel oder an einen dieser Betonklötze, die die Stadt aufgestellt hat, damit die Leute langsamer fahren. Diese Betonklötze sind überhaupt nicht spastikerfreundlich. Sie stehen so eng nebeneinander, und ich besitze keinen Deut von der Feinmotorik, die der Mensch braucht, um sicher an diesen kantigen Ungetümen vorbeizukommen.

Ich mag sie immer weniger, diese Beton-Verkehrsberuhiger. Vor allem die am Spielplatz, denn die nähere Bekanntschaft, die ich mit ihnen mache, führt dazu, dass ich eine ganze Woche in einem komisch riechenden Krankenhaus zubringen muss.

Kapitel 6

Richtige Freunde

Ich habe in meinem Leben immer super Freunde um mich gehabt. Ich kann gar nicht sagen, wie ich das zu schätzen weiß. Ich weiß nicht, ob meine Freunde das wissen, aber sie sind sozusagen meine Trainer, die Menschen, die mich neu aufbauen, wenn ich wieder mal im Loch der Depression sitze. Sie sind an meiner Seite, um mich zu stützen, meinen Blick zu weiten und mir wieder einen Glauben an die Zukunft zu geben. Sie versichern mir geduldig, dass schon alles werden wird, und verraten mir, dass auch sie ihre schweren Stunden haben. Der eine erzählt mir von seiner Angst vor dem großen Zahnarzttermin, ein anderer von einer Prüfung, die dumm gelaufen ist.

Sie tun das, um mir zu helfen, auf andere Gedanken zu kommen.

Manchmal haben sie Erfolg, manchmal nicht. Der Freund, der mir kürzlich seinen Frust über die magere Rendite seiner Aktien erzählte, half mir nicht besonders viel. Seine gekünstelten Krokodilstränen auch nicht.

Meine Freunde erlauben es sich auch gerne, meine Behinderung ungeniert zu ignorieren. Sie können richtig sauer werden, wenn ich meine Zerebralparese als Ausrede dafür benutze, zu Hause zu sitzen und mich zu bedauern.

„Jetzt komm' nicht schon wieder mit deiner Spastikerplatte, die kennen wir in- und auswendig. Komm, Jonas, keine Müdigkeit vorschützen!"

Aber sicher fragt der eine oder andere meiner Leser sich inzwischen, ob unter meinen Freunden denn nicht auch andere Behinderte sind oder ob ich nicht in irgendeiner Behindertenvereinigung aktiv gewesen bin. Die Antwort lautet: „Jein".

Ich bin zwei Jahre lang in den Brorströmsgård gegangen. Mit vier Jahren fing ich an. Der Brorströmsgård ist eine Tagesstätte für behinderte Kinder in Göteborg. Etwas später ging ich in einen Tischtennisclub für Behinderte. Und eine Familie, mit der wir verkehrten, hatte eine behinderte Tochter, mit der ich manchmal spielte.

Aber ansonsten bin ich einen anderen Weg gegangen als viele andere Kinder in meiner Lage. Ich sage das jetzt nicht wertend, aber für mich war es das Natürlichere, mit meinen „normalen" Freunden zusammen zu sein und mich mit ihnen zu identifizieren. Ich fühlte mich wohl bei ihnen und tat mein Bestes, all das zu machen, was sie auch machten. Wenn sie im Sandkasten spielten, tat ich das auch – mit dem Unterschied halt, dass es mir öfter passierte, dass ich hinflog und eine Ladung Sand in den Mund bekam. Wenn sie im Garten eine Hütte bauten, baute ich natürlich mit – aber mit meiner kleinen spastischen Hand, mit Folgen, die sich vielleicht mancher denken kann.

Ich erinnere mich noch, wie ich zusammen mit ein paar Freunden eine Hütte in unserem Garten baute. Nein, keine gewöhnliche Feld-, Wald- und Wiesenhütte aus vier Brettern und ein paar Decken. Auch nicht so ein Kinderspielzeug aus Zweigen und Tannengrün. Fünf Meter hoch sollte das Ding werden. Und schön wacklig sein; was eine richtige Hütte war, wackelte im Wind.

Unser Traum wurde Wirklichkeit. Die Hütte nahm Gestalt an und wurde unglaublich hoch und unglaublich wackelig. Als sie fast fertig war, konnte der geneigte Beobachter ganz oben auf dem Dach, wo es am wackligsten war, einen noch wackligeren Jungen sehen (also mich), der mit einem Hammer in der Hand auf den mit Nägeln gespickten Brettern herumbalancierte, um die ehrenvolle Aufgabe zu erfüllen, die letzten Nägel einzuschlagen. Wie ich gesund wieder dort heruntergekommen bin, weiß allein Gott.

Okay, okay, ich weiß, ich bin manchmal ein bisschen leichtsinnig, aber so ist das nun mal. Gut, das kann jeder sagen, aber … Vielleicht ist diese Eigenschaft einfach ein Teil meiner Gene, und für seine Gene kann ja keiner, oder? Das Wort „Vorsicht" ist mir noch nie leicht von der Zunge gegangen. Mich zieht es in das Abenteuer.

Die Dinge, die ich als Kind anstellte, wären schon für einen Nichtspastiker hinreichend dumm und gefährlich gewesen. Was meine Freunde und Spielkameraden auch machten, ich musste dabei sein. Es war so ähnlich wie eine Dauerkarte für den Krankenwagen bestellen, aber das focht mich nicht an. Wenn ich mir heute überlege, zu welchen verrückten Sachen ich mich bereitwillig mitschleppen ließ, kriege ich es fast noch nachträglich mit der Angst zu tun. Wie konnte ich nur …

Aber „Angst", das schien für mich als Kind ein Fremdwort zu sein. Rauf auf den Felsen, rein in das verfilzte Unterholz, raus auf das glatte Eis, Bangemachen galt nicht. Der Rollstuhl blieb zu Hause, Papa legte mir die Knieschoner an und Mama steckte mir fürsorglich die nächste Rolle Pflaster in die Tasche.

Einmal fragte mich ein Freund, ob ich mit auf sein Motorboot wollte. Klar wollte ich. Solange wir auf dem Wasser waren, ging das auch ganz gut; vor allem die Heckwellen machten mir einen Wahnsinnsspaß. Was ich nicht wusste, war, dass man ganz schön balancieren muss, um aus einem Motorboot auf eine Insel zu steigen. Ich weiß nicht mehr, wie oft ich ausrutschte und halb im Wasser landete. Und als ich dann endlich glücklich an Land gekommen war und anfing, auf den rutschigen Steinen herumzulaufen, stolperte ich und verdrehte mir halb den Fuß. Ich schrie vor Schmerzen, und mein Freund machte sich fast in die Hosen vor Angst. Es war Schwerarbeit, mich zurück auf das Boot zu bugsieren.

Oder nehmen wir den Tag, wo wir beschlossen, unseren Hausberg zu besteigen. Ich weiß nicht mehr, wie oft ich als lebendiger Stein wieder zu Tal rollte. Die Nachbarn müssen geglaubt haben, dass es da einen Erdrutsch oder so etwas gegeben hatte.

Aber ich schaffte es und stand schließlich auf dem Gipfel. Rot verfleckt von all dem Blut, aber was machte das?

Manchmal denke ich, dass ich eigentlich dankbar sein sollte für meinen Leichtsinn (auch wenn dieser Gedanke vielleicht auch wieder leichtsinnig ist). Immerhin hat mein Leicht-Sinn mir geholfen (und hilft mir heute noch), Berge zu besteigen!

Als ich größer wurde, bekamen meine Eltern immer mehr Briefe und Anrufe von diversen Behindertenvereinen, die mich zu allen möglichen Freizeitaktivitäten einluden. Meine Mutter antwortete dann gewöhnlich: „Danke der Nachfrage, aber unser Jonas hat schon seine Freunde aus der Nachbarschaft." Für viele dieser Vereine scheint das ein richtiger Schock gewesen zu sein. „Was sagen Sie da – er hat schon andere Freunde?"

Aber in einem Tischtennisclub für Behinderte war ich also. Diese Zeit ist ein gleichzeitig helles und halb dunkles Kapitel aus meinem Leben. Damals ging mir zum ersten Mal auf, wie die Menschen oft keinen großen Unterschied zu machen scheinen zwischen körperlichen und geistigen Behinderungen. In diesem Tischtennisclub hatte man nämlich Kinder und Jugendliche mit allen möglichen Behinderungen zusammengewürfelt. Aber der Club hatte seinen Reiz. Am besten gefielen mir die Down-Syndrom-Kinder, die brav unter dem

Tisch saßen, während wir anderen spielten; fröhlichere Menschen kann man lange suchen. Es war auch ein Erlebnis, gegen einen Jungen zu spielen, der an Zwergwuchs litt und kaum bis zur Tischplatte reichte; dass ich gegen ihn verlor, war vielleicht nicht so toll.

Später habe ich verstanden, dass es für einen Behinderten normal ist, seine besten Freunde in solchen Behindertenvereinen zu haben, aber als Kind dachte ich nicht groß darüber nach, ob meine Freunde auch behindert waren oder nicht. Ich war voll damit beschäftigt, mit meinen Freunden von nebenan draußen im Garten zu spielen. Oder das nächste narrensichere Versteck für unsere Versteckspiele zu finden.

Auch wenn mein Körper manchmal sozusagen heißlief, glaube ich, dass meine Freunde mich nicht anders sahen als irgendeinen anderen Kumpel. Erst heute weiß ich das so richtig zu schätzen. Ihr Motto war: Gleiche Regeln für alle. Ich bekam keinen Vorsprung, wenn wir Krieg spielten, und wenn wir auf den höchsten Baum kletterten, musste ich mit. Selbst bei den Videospielen bekam ich keine Extrawurst gebraten, obwohl ich ja alle Knöpfe nur mit meiner rechten Hand bedienen musste. Meine Freunde behandelten mich nie wie eine chinesische Porzellanvase, und das tat mir gut. Ich bin absolut sicher, dass ich heute nicht da wäre, wo ich bin, wenn meine Kameraden mich nicht so als einen der Ihren behandelt hätten.

An guten Freunden hat es mir also nie gefehlt. Und immer haben sie meine Behinderung ignoriert – manchmal schon fast brutal.

Vor ein paar Jahren stand ich mit einem Freund auf einem Kai in Malmö. Ich dachte an nichts Böses – und auf einmal gab er mir einen Stoß, dass ich ins Wasser fiel!

Die Sache hätte übel ausgehen können, denn das Wasser war tief, ich war überhaupt nicht vorgewarnt gewesen und besonders gut schwimmen konnte ich auch nicht. Als mein Freund merkte, dass ich Schwierigkeiten hatte, wieder an Land zu kommen, wurde ihm anders zumute und er bat mich reumütig um Verzeihung für seinen Dummejungenstreich, nicht ohne mir zu erklären, dass er seine Freunde halt gerne ins Wasser schubste.

Zuerst war ich etwas wütend auf ihn, dass er mir an einem ansonsten so schönen Sommertag so einen Schrecken eingejagt hatte. Aber dann dachte ich nach und fühlte mich stolz, ja geradezu etwas geschmeichelt. Dass mich da jemand für so normal gehalten hatte, dass er mich kurzerhand in den Öresund schmiss – wie wunderbar nicht behindertengerecht!

Kapitel 7

Dürfen es auch 24 mehr sein?

Ich mag den Satz: „Die Pfeile, die man nicht abgeschossen hat, gehen alle daneben." Wer weiß schon, was er alles kann, wenn er es nicht ausprobiert hat? Manch einer glaubt, in einem Zimmer eingesperrt zu sein, und hat lediglich noch nicht alle Türen probiert.

Ich habe viele faszinierende und (nennen wir sie ruhig so) wunder-volle Erlebnisse gehabt, aber was ich in diesem Kapitel berichten möchte, schlägt alles. Es ist kein Wunder, dass die Abendzeitung, die mich vor ein paar Jahren interviewte, sich in ihrem Artikel auf diese Sache konzentrierte. Die Überschrift lautete: „ADE ROLLSTUHL".

Als Kind hatte ich also meinen Rollstuhl. Man könnte auch sagen, dass ich ihn praktisch die Hälfte meines Lebens hatte. Ich benutzte ihn nämlich, bis ich dreizehn war.

Wenn ich heute darüber nachdenke, kann ich es fast nicht glauben. Habe ich wirklich so lange im Rollstuhl gesessen?

Egal, ich kann nicht zählen, wie oft meine Eltern dieses Monstrum im Kofferraum unseres Autos verstauten, wenn wir zum Supermarkt fuhren oder zu den Großeltern oder zu IKEA. Der Rollstuhl war auch mein treuer Begleiter in den Ferien; er hat Amerika, Paris und Kopenhagen gesehen. Und zu Hause stand er geduldig auf der Veranda bereit, für den Fall, dass ich wider Erwarten keine Lust mehr hatte, ständig unsanfte Bekanntschaft mit dem harten Holzboden zu machen. Mein Rollstuhl, das war so etwas Ähnliches wie ein Haustier – treu, aber lästig.

Heute ist mein Rollstuhl nur noch eine Erinnerung. Unglaublich, aber wahr!

Und wenn wir ganz ehrlich sind, ein Wunder. Die Ärzte waren sich ihrer Sache todsicher gewesen, als sie sagten, dass ich mein Leben lang auf den Rollstuhl angewiesen sein würde.

Dass ich ihn eines Tages nicht mehr brauchte, es ist schier unbegreiflich. Aber wie es dazu kam, ist fast noch unbegreiflicher. Das war nämlich so: Eines Abends warf meine Mutter ihn weg. Nachdem ich den ganzen Tag lang Golf gespielt hatte.

Klingt fast wie eine Szene aus einem Hollywoodfilm, nicht wahr? Man hört förmlich die Musik im Hintergrund der großen Schlussszene, wo Romeo endlich seine Julia kriegt. Aber es ist kein Film, sondern ein ganz reales Ereignis aus dem Leben eines gewöhnlichen schwedischen Spastikers.

Die Vorgeschichte dieses Ereignisses war einfach: Ich hatte schon seit einiger Zeit unverdrossen das Laufen geübt. Damals lernte ich, dass alle großen Dinge klein anfangen. Meine ersten Schritte machte ich zu Hause in unserem Garten, auf dem Schulhof, auf Parkplätzen und in Einkaufszentren. Jedes Mal, wenn wir uns einem Spielwarengeschäft näherten, schien das Kribbeln in meinen Beinen stärker zu werden und ich wand mich aus meinem Rollstuhl heraus und machte einen energischen Schritt in Richtung auf die Legoburgen. Exakt so hatte er angefangen, mein Kampf gegen den Rollstuhl: im Spielwarenladen „Zwei Teddys".

Nach und nach gelang es mir, immer längere Strecken auf meinen eigenen Beinen zurückzulegen. Wenn meine Freunde auf dem Rasen in unserem Garten Fangen spielten, machte ich mit (mit großen Knieschonern, aber immerhin). Ich spielte und lief, bis ich merkte, dass ich im Gras lag.

Ich fing auch an, ganz alleine zu dem ein paar Hundert Meter entfernten Supermarkt zu gehen. Manchmal taten mir anschließend die Beine so weh, dass ich zu Hause anrufen und bitten musste, mich mit dem Auto abzuholen. Aber am nächsten Tag ging ich wieder in den Laden. Zu Fuß.

Irgendetwas gab mir Kraft. Je öfter ich meinen Rollstuhl stehen ließ, umso mehr fühlte ich mich wie der König des Dschungels. Tatsache war ja, dass mein Rollstuhl und ich uns nie besonders gut verstanden hatten; die Chemie stimmte einfach nicht. Ich hatte den Eindruck, dass ich zu viel Energie besaß, um einfach dazusitzen und zuzuschauen, wie alle anderen sich ungeniert bewegten. Wenn wieder einmal der Eigensinn mich packte, schwor ich mir: *Eines Tages wirst du ohne dieses blöde Ding leben!* Ein Wunschtraum, vielleicht, aber für mich war er ehrlich und real.

Apropos. Der Ehrlichkeit halber muss ich hier erwähnen, dass mein Abschied vom Rollstuhl auch seine kleinen Nachteile hatte. Ich bekam nicht mehr so viel Geld von netten alten Tanten zugesteckt. Früher hatten diese lieben Damen mir ein zweites, drittes, viertes Taschengeld gebracht. Manchmal bildete sich eine richtige kleine Schlange von „Sechzig-plus-Omas" vor meinem Rollstuhl, die mich alle liebevoll umarmten und mir einen zusammengefalteten Zehn-Kronen-Schein in die Jackentasche schoben.

Prima, jetzt reicht es schon für zwei Becher Erdbeereis …

Noch heute kann es mir passieren, dass nette alte Damen mir ein paar Münzen zustecken. Ich weiß nicht, ob ich darüber lachen oder weinen soll, aber ich finde es faszinierend und versuche, zu verstehen, was in den Köpfen dieser Menschen vorgeht.

„Der arme Behinderte … Wenn ich ihm zehn Kronen schenke, wird er vielleicht wieder froh …"

Manchmal juckt es mich richtig, diese Psychologie bei einem Freund auszuprobieren, der sich grämt, weil seine Freundin Schluss gemacht hat. „Ja, ich weiß, du bist so traurig … aber hier hast du zehn Kronen …"

Das mit den mitleidigen Leuten war nicht das einzige Problem während meiner Übergangszeit vom Rollstuhl zu meinen eigenen Beinen. Es gab auch ernstere Komplikationen.

Manchmal bekamen meine Eltern die verständnislose Empörung anderer Erwachsener zu spüren, die die Hoffnung, dass es mir je gelingen würde, ohne Rollstuhl zu leben, recht naiv fanden. Jeder vernünftige Mensch musste doch einsehen, dass das ein unerreichbarer Wunschtraum war!

„Hat der Junge es nicht schon so schwer genug? Wie könnt ihr ihm diesen Floh ins Ohr setzen, dass es ein anderes Leben für ihn gibt? Gebt eure Illusionen auf, akzeptiert endlich die Realität!"

Einmal, als wir den großen Freizeitpark Liseberg bei Göteborg besuchten, sagte meine Mutter mir: „Jonas, ich glaub', die letzte Strecke bis zu der Achterbahn da kannst du alleine gehen."

Ich nahm die Herausforderung prompt an. Aber auf halbem Wege fiel ich hin. Meine beiden Knie bluteten, und ich heulte mächtig.

Die Umstehenden schauten meine Eltern richtig vorwurfsvoll an. Ihre Blicke sprachen Bände. *Solche Rabeneltern! Die sollten sich was schämen!*

Aber so etwas muss man akzeptieren, wenn man einen Traum hat. Irgendjemand hat einmal gesagt: „Das Unmögliche kann man erst erreichen, wenn man das Absurde versucht hat." Der Spruch könnte von mir stammen.

Und dann kam er, der große Tag, der mein ganzes Leben verändern sollte.

Dass dieser Tag Wirklichkeit wurde, lag daran, dass mein Vater und ich plötzlich Golffans geworden waren. Jawohl, Sie lesen richtig. Wenn im Fernsehen ein Golfturnier übertragen wurde, klebten wir förmlich auf dem Sofa und schauten fasziniert zu, wie die Bälle ihre ballistischen Bahnen zogen, um perfekt auf dem Grün zu landen. Und wenn es keine Live-Übertragungen gab, konnten wir uns stundenlang Golf auf schlechten Videokassetten ansehen, so verrückt geworden waren wir auf diesen Sport.

Ich glaube, es war nur natürlich, dass wir irgendwann dazu übergingen, selbst Golf zu spielen.

„Wir müssen es ausprobieren", belagerte ich meinen Vater.

Mein Vater, der mich nicht enttäuschen wollte, sagte: „Das können wir gerne machen, aber zuerst muss das mit deinem Laufen noch ein bisschen besser werden. Wir können ja nicht gut deinen Rollstuhl mit auf den Golfplatz nehmen."

„Ich kann laufen!", beteuerte ich. „Und auf dem Gras fällt man ja sowieso weich …"

Als der Sommer kam, hatte ich mir den Mund fusselig geredet, und mein Vater beschloss, meine Herausforderung anzunehmen. Wir meldeten uns zu einem Golfkurs für Anfänger an.

Dieser Kurs war das Tollste, was ich je mitgemacht hatte. Der Kursleiter mochte mich vom ersten Augenblick an und staunte nur so über die Abschläge, die ich zuwege brachte. Ich staunte auch. Wobei meine Technik sich keinen Deut um die Schulweisheit des Lehrbuchs kümmerte (die Art, wie ich den Schläger hielt, war in dem Buch mit einem roten Warnsymbol versehen).

Mein Vater wurde leider nicht so oft gelobt, aber dafür konnte er auf mich stolz sein.

Was er auch war. Er kaufte mir ein nagelneues Schlägerset und ging willig einen Abend nach dem anderen mit mir auf den Übungsplatz.

Als der Kurs zu Ende war, konnten wir endlich anfangen, auf einem richtigen Golfplatz zu spielen. An einem sonnigen Frühlingstag des Jahres 1991 war es so weit; ich begann meine erste richtige Golfrunde.

Mehrere Stunden lang ununterbrochen auf den Beinen sein war etwas, was ich noch nie zuvor gemacht hatte. Ein Golfplatz mit 18 Löchern, das ist mehr, als eben mal in ein Spielzeuggeschäft gehen; erst als wir am Abschlag der ersten Bahn standen, ging mir so richtig auf, was da gleich verlangt werden würde von meinen dünnen Beinen. Aber Bangemachen galt nicht.

Und so zog ich meine Golfhandschuhe an, holte den Schläger aus der Tasche und schlug mit aller Kraft den ersten Ball ab. *Peng!*

Fünf Stunden lang waren wir auf diesem Golfplatz. FÜNF STUNDEN! Ich zog meinen Golfkarren von Bahn zu Bahn, von Sandgrube zu Sandgrube, von Wasserhindernis zu Wasserhindernis. Und schnell war ich. Fast im Laufschritt zog ich den Wagen hinter mir her; ich konnte es gar nicht erwarten, das nächste wunderbare Gefühl, wenn ich den Ball wieder auf die Reise schicken konnte.

Das Gesicht meines Vaters wurde mit jeder Bahn erstaunter. Dass ich das schaffte! Aus meinem Mund kam kein einziger Klagelaut, es gab nur lauter Jubelschreie. Ich schwebte auf Wolke Sieben, Welten entfernt von meiner Behinderung, den ernsten Mienen der Ärzte und den medizinischen Statistiken. Ich dachte überhaupt nicht darüber nach, ob meine Beine mitmachten oder nicht, ich badete in dem schönsten Sport der Welt.

Auf der Fahrt nach Hause rechneten wir nach, dass wir zusammen jeder zehn Kilometer gelaufen waren auf dem Golfplatz.

Zehn Kilometer. Der Mund stand mir offen. Dann fing ich hysterisch an zu lachen, und dann kamen die Tränen. Freudentränen. Ein Wunder war geschehen – das eindeutigste und greifbarste, das ich bisher erlebt hatte. Ich konnte laufen! Ich konnte laufen!

Zu Hause angekommen, erstatteten wir meiner Mutter einen begeisterten, wenn auch etwas unzusammenhängenden Bericht. Sie stand da, war wie vom Donner gerührt und unterbrach uns mit lauten Jubelrufen.

Dann ging sie hinaus und holte meinen Rollstuhl. „Das Ding brauchst du nicht mehr", sagte sie.

Die Art, wie sie das sagte, machte mir klipp und klar, dass ich diesen Rollstuhl nie mehr sehen würde. Und auch keinen anderen.

Zum Glück gelang es mir noch, die Räder abzumontieren, bevor meine Mutter den Rollstuhl zum Müllplatz fuhr. Die brauchte ich doch für mein Seifenkistenauto!

An diesem Tag zerbrach ein guter Teil des sogenannten Schicksals, das auf meinem Leben lag. Von nun an bedeutete das Wort „Handicap" für mich nicht mehr meine Behinderung, sondern das Handicap in der Sprache des Golfspiels, also die Differenz zwischen der Standardzahl der Schläge, die für die Bahnen eines Golfplatzes benötigt wird, und der tatsächlich benötigten Schlagzahl. Inzwischen habe ich mein Handicap auf 24 herunterdrücken können ...

Szenen aus dem Leben

Blut, Schweiß und Tennis

Meine Freunde haben sich zu einem Tenniskurs angemeldet.

Da melde ich mich wohl am besten auch an.

Den Gedanken, dass ich es vielleicht etwas langsamer angehen sollte, nachdem ich erst vor Kurzem meinen Rollstuhl abgeschafft habe und meine Beinmuskeln immer noch nicht besonders stark sind, schiebe ich sofort beiseite. Stattdessen denke ich an meine sensationelle Golfpartie, und schon spüre ich ihn wieder, den Wind der Inspiration in meinem Herzen. Wenn ich Golf spielen kann, dann kann ich auch Tennis spielen, null Problem!

Die anderen Teenager in dem Kurs – die, die mich nicht kennen – verstehen meine Begeisterung nicht. Sie schauen mich ganz verwundert an, als ich mit meinem nagelneuen Tennisschläger auf den Tennisplatz stolpere.

„Was willst *du* denn hier?", fragen sie mich, „das hier ist ein Tennisplatz!"

Ich erwidere fröhlich, dass ich eben das will – Tennis spielen.

„Echt?", fragen sie und schmettern einen Ball nach dem anderen in das Netz, wie um mich herauszufordern.

„Das war ja nichts, das gerade", sagt einer von ihnen. „Jonas, zeig uns mal, wie das richtig geht …"

Ich tue so, als ob ich sie nicht höre, und fange an, mich aufzuwärmen. Hin und her springe ich über den Platz, den Schläger wild nach links und rechts schwingend.

Es muss so ähnlich aussehen wie ein Hubschrauber in einer Windhose. Aus dem Augenwinkel sehe ich, wie mehrere der anderen anfangen, sich über mich lustig zu machen.

Ich merke, wie mein Schneid mich verlässt, und in Gedanken bin ich schon auf dem Nachhauseweg. Ich schwöre mir hoch und heilig, dass dies hier das erste und letzte Mal ist, dass ich Tennis spielen werde.

Aber die Lage ändert sich, als der Tennislehrer kommt und wir richtig anfangen. Ich finde alsbald Tennis echt cool, und schon sind die dummen Bemerkungen der anderen vergessen.

Und der Lehrer findet, dass ich ein gutes Ballgefühl habe.

Ich schaue zu, wie die anderen es machen, und versuche eifrig, ihre Bewegungen nachzuahmen. Manchmal geht das richtig gut, dann wieder, wenn mein stümperhafter „Dreifinger-Griff" sich löst, fliegt mein Schläger glatt über den Zaun. Wieder und wieder frage ich den Lehrer, wie man das macht – den Ball anschneiden, aber er hat wohl nicht die Geduld, es mir beizubringen.

Tennis scheint nicht als Spastikerspiel gedacht zu sein. Eigentlich sollte ich Boule spielen oder „Vier gewinnt" oder eines der anderen spannenden Spiele, die man Behinderten so gerne schmackhaft macht.

Den Ball aufschlagen ist das Schwerste. Das fühlt sich jedes Mal an, als ob alle Knochen in meinem Körper brechen wollen. Die Bälle, die ich überhaupt treffe, fliegen überallhin, außer zu der richtigen Stelle auf der anderen Seite des Netzes. Selbst wer hinter mir steht, tut gut daran, in Deckung zu gehen!

Der Tennisplatz, auf dem ich spiele, verändert sich. Er wird zum „Blutplatz". Meine zahlreichen Stürze hinterlassen ihre Spuren.

Wenn mir das Rot an meinen Armen und Beinen zu viel wird, laufe ich nach Hause, um mich verpflastern zu lassen. Danach geht es schnell zurück auf den Tennisplatz, denn das Schmetterballtraining darf ich mir doch nicht entgehen lassen!

Nach dem Tennisunterricht sitze ich völlig erschöpft auf der Bank, keuche und puste und versuche, meinen normalen Atemrhythmus wieder in Gang zu kriegen. Ich höre, wie die Gruppe nach uns sich darüber unterhält, warum so viel Blut auf dem Platz ist, sogar an den Bällen. Es klingt schon fast wütend.

„Ja, das hab ich mich auch gefragt", sage ich. Und lege schnell mein schweißgetränktes Handtuch über meine blutigen Knie.

Kapitel 8

Stimmbruch und Krämpfe

Was werden wohl meine Kinder sagen, wenn ihre Spielkameraden erklären, dass ihr Papa der stärkste ist? Vielleicht dieses: „Mein Papa ist der spastischste!"

Dies war nur einer der Gedanken, die mich immer mehr beschäftigten, als ich ins Teenageralter kam. Was ich früher bloß geahnt hatte, jetzt wurde es mir deutlich, um nicht zu sagen überdeutlich: Ich war anders! In gewissen Situationen sogar *sehr* anders.

Jedes Mal, wenn ich mich im Spiegel betrachtete, wurde ich daran erinnert, was für Komplikationen meine Geburt mit sich gebracht hatte. Ich sah, dass meine Körperhaltung steif wie die eines Pinguins war. Mein Kopf sah so unbeweglich aus wie der einer Marionette. Und meine linke Hand war so verspannt wie die eines Boxers, der sich anschickt, in den Ring zu steigen. Ich sah auch, wie die Finger meiner Rechten in alle möglichen Richtungen gleichzeitig zeigten und wie mein Mund sich dauernd bewegte, obwohl er gerade gar nichts sagen wollte.

Was für ein komischer Körper. Das fand ich auch.

Am liebsten hätte ich ihn umgetauscht. Ich wollte raus aus dieser Mumie!

Manchmal schien mein Körper so laut „Behindert!" zu schreien, dass ich fast keine Lust mehr hatte, zu leben. Just in dem Alter, in dem alle von einem erwarten, dass man seine Identität findet und mit Zuversicht in der Stimme sagt: „Ja, so bin ich!", tappte ich im Dunkeln umher. Wer war ich überhaupt? Warum war ich, ausgerechnet ich, Spastiker? Warum konnte ich nicht all die Sachen, die die anderen konnten? Lauter Fragen, die verzweifelt ihre Antwort suchten und jedes Mal in der nächsten Sackgasse landeten.

Heute weiß ich natürlich, dass es selten guttut, sich mit anderen zu vergleichen. Aber zu dieser befreienden Erkenntnis kommt wohl nur der, der eine gewisse Reife im Leben erreicht hat; bei einem Vierzehnjährigen sieht das ganz anders aus. Als Teenager hat man doch stark, cool und attraktiv zu sein, und wehe dem, der das romantische Idealbild beschmutzt.

In meinem Fall bekam es jeden Tag neue Flecken.

Nehmen wir so etwas Banales wie das Mittagessen in der Schulmensa. Für mich wurde das in diesen Jahren ein Kampf auf Leben oder Tod. Ich merkte plötzlich, wie unmöglich es aussah, wenn ich aß. Erstens kann ich nur mit einer Hand essen; aus Messer und Gabel wird also nur die Gabel – wenn es eilig ist, besser ein Löffel. Wieder und wieder musste ich meinen Stolz herunterschlucken, darauf pfeifen, dass die ganze Schlange hinter mir mich hörte, und fragen: „Entschuldigung, hätten Sie vielleicht 'nen Löffel?"

Das zweite Problem ist, dass ich jedes Mal, wenn ich zu viel in den Hals bekomme, einen guten Teil meines Essens wieder ausspucke. Das hängt mit meinem absolut starken Würgereflex zusammen, hat der Doktor mir erklärt, und das muss wohl stimmen, denn der Zahnarzt kann mir kaum seinen Untersuchungsspiegel in den Mund halten, ohne dass mir alles hochkommen will.

Aber der Mensch, der mir am Tisch gegenübersitzt, hat von dieser Erklärung nicht sehr viel. Ein Schutzschild wäre besser.

Einige meiner Freunde haben heute noch ihre Meinung über meine Tischsitten – oder, besser gesagt, über deren Abwesenheit. Wenn ich nicht endlich lerne, „anständig" zu essen, sagen sie, gehen sie nicht mehr mit mir zu McDonald's.

„Und denk doch mal an deine arme Freundin …"

Das mit dem Essen ist nur ein Bereich von vielen, in denen mein ganzes Selbstbild auf den Prüfstand gestellt wurde. Das Teenageralter ist ja eine sehr „körperliche" Zeit, in der man in der „Entwicklung" ist. Ich hatte den Eindruck, dass alle anderen Jungen schöne, muskulöse Körper bekamen – nur ich nicht. Dass sie sich alle ihren Jugendschwimmer und alle möglichen anderen Zeugnisse holten – nur ich nicht. Und dass sie alle mit athletischem Waschbrettbauch vom höchsten Brett des Sprungturms sprangen – nur ich nicht.

Sicher war es schön, nicht mehr auf den Rollstuhl angewiesen zu sein. Sehr schön sogar. Jetzt konnte ich Treppen steigen und brauchte nicht mehr ewig auf den Aufzug zu warten. Ich konnte Bus fahren und brauchte nicht mehr mehrere Tage im Voraus den Behindertenfahrdienst zu bestellen. Und vor allem: Ich konnte mit auf das Trampolin steigen und so tun, als ob ich Pirouetten in der Luft drehen könnte.

Aber die rollstuhllose Zeit, sie hatte auch ihre Nachteile. Nein, ich meine nicht nur, dass ich nicht mehr so viel Geld von lieben alten Tanten zugesteckt bekam.

Es war einfach so, dass ich so ungeheuer oft hinfiel. Im Rollstuhl war ich sozusagen in Sicherheit gewesen. Jetzt wankte und torkelte ich die ganze Zeit. Meine Beine waren nicht auf Gehen programmiert; sie knickten ein, bogen sich nach innen und stolperten buchstäblich übereinander. Und was tat es jedes Mal weh, wenn ich mit den Knien auf dem Boden aufschlug. Während meiner ganzen Teenagerzeit war der Schorf an meinen Knien mein treuester Begleiter.

Zeitweise war diese „Fallkrankheit" so heftig, dass ich gezwungen war, nur mit Sturzhelm nach draußen zu gehen. Was ja genau der Wunschtraum jedes Fünfzehnjährigen ist, oder?

Wenn wir Fußball spielen wollten, lachten meine Kameraden und sagten: „Mensch, das hier ist Fußball, nicht Rugby!"

Wenn dann die Mädchen kamen, um zuzuschauen, ging ich gesenkten Hauptes nach Hause.

Auch im Sportunterricht sollte ich den verhassten Helm tragen. Ich weiß nicht mehr, wie oft ich ihn „vergessen" habe. „Ach so, der muss irgendwo zu Hause liegen, kann ich nicht auch so Hockey mitspielen?"

Meine ständigen Stürze strapazierten natürlich sowohl meine Frisur als auch mein Selbstvertrauen. Und sie kosteten Geld. In einer Woche durchlöcherte ich einmal zwei Paar Hosen, und es waren auch noch die teuren, die meine Mutter erst kurz vorher erstanden hatte. Eigentlich hätte ich wohl dankbar sein sollen, dass mir nichts Ernsteres passiert war, aber der Gedanke verschwand rasch, als ich sah, was die Unfälle für mein Kindergeldkonto bedeuteten. Ich würde neue Hosen kaufen – und selbst bezahlen müssen!

Nach einer Weile fing ich an, billige Rocky-Jeans zu kaufen. Gut, ich gebe zu, das Budget war in diesem Fall stärker als das Markenimage.

Heute gelingt es mir meistens, mich auf den Beinen zu halten, aber manchmal mache ich immer noch unfreiwillige Ausflüge nach unten. Zurzeit, wo ich diese Zeilen schreibe, habe ich einen prächtigen blauen Fleck am rechten Knie von einem Sturz am vergangenen Samstag, auf einer Straße in der Stadtmitte von Malmö. Am Dienstag fiel ich wieder hin, diesmal bei mir zu Hause, und zwar rücklings durch die Küchentür. Da lag ich auf dem Boden, k.o. in meiner eigenen Wohnung, mit einem heftig brummenden Schädel und Nebel vor den Augen. Als ich versuchte, mich hochzurappeln, war mir so schwindlig, dass ich prompt noch einmal hinflog – diesmal durch die Wohnzimmertür! Es fehlte nicht viel, und ich hätte den hässlichen alten Helm wieder hervorgeholt.

Als Teenager legt man manchmal auch gesteigerten Wert auf sein Aussehen, und ich merkte bald, dass ich einen ausgeprägten Hang zur Eitelkeit hatte.

Natürlich wollte ich gut aussehen! Vor allem in der Freitagsdisco, wo jeder der Coolste in der Klasse sein wollte.

Aber dann merkte ich noch etwas anderes – etwas, das heute noch gilt: nämlich dass Leute, die mich nicht kennen und mich zum ersten Mal sehen, oft glauben, dass ich nicht Spastiker, sondern schlicht stockbetrunken bin. Vor allem dann, wenn die Zeit schon weit vorangeschritten ist. Um 23 Uhr überschreite ich eine magische Grenze. Danach kann ich beteuern, wie ich will, dass ich Spastiker bin, niemand glaubt mir. Die Leute lachen bloß und kommen mit Sprüchen wie: „Prost … Mein Gott, du bist ja so blau, dass du nicht mehr gerade gehen und sprechen kannst!" Oder: „Junge, lass es langsamer angehen mit dem Bier, sonst nimmt das noch ein böses Ende!"

Viele Lokale wissen heute noch nicht so recht, was sie mit mir machen sollen. Mehr als einmal ist mir der Eintritt in ein Tanzlokal verwehrt worden, weil ich angeblich zu betrunken war. Einmal sagte der Türsteher zu mir: „Geh nach Hause, nimm 'ne Kopfschmerztablette, und du wirst sehen, dass du dich morgen früh schon besser fühlst."

Als Teenager grübelte ich natürlich auch viel über die Zukunft nach. Was für eine Ausbildung sollte ich machen, was für einen Beruf ergreifen?

Als die anderen munter ihre Bewerbungen an Hotelfachschulen, naturwissenschaftliche Gymnasien und andere interessante Adressaten schickten, zögerte ich. Das bloße Nachdenken darüber, was ich werden sollte, wenn ich groß war, war Schwerarbeit für mich. Ein Beruf nach dem anderen, der mir in den Sinn kam, schien zu schwer für mich zu sein – „nicht behindertengerecht". Das Einzige, was mir blieb, war offensichtlich die Computerbranche. Sagten jedenfalls alle möglichen Leute. Die Sache hatte nur einen Haken: Ich interessierte mich null für Computer!

Ja, sie waren nicht einfach, meine Teenagerjahre. Sie waren voller innerer Unruhe und Begrenzungen. Wegen meiner Zuckungen konnte ich noch nicht einmal heimlich rauchen. Mein sehnlichster Wunsch war, dass ich eines Morgens aufwachen würde und meine Behinderung wäre weg. Einfach so. Wach werden und feststellen, dass ich so normal war wie alle anderen – was wäre das schön …

Szenen aus dem Leben

Mama und ich auf dem Sofa

Es ist ein sonniger Sommernachmittag. Wir sind ungefähr zu zehnt in unserem Garten und spielen mit einem Schwimmball Fußball. Wir spielen uns richtig heiß, und bald sehnen wir uns nach einem kühlen Bad. Es entspinnt sich eine Diskussion: Wer wird die Mutprobe wagen und rückwärts vom Sprungturm ins Wasser springen? Jeder meiner Freunde ist fest davon überzeugt, dass, jawohl, er der erste Mutige sein wird.

Das nächste Thema für unsere Clique ist, wer alles mit bis zu der Boje schwimmen wird.

Ich merke, wie ich außen vor gelassen werde. Na, prima! Das Waghalsigste, das ich mir denken kann, ist, von der kleinen Treppe ins Wasser zu steigen, wo es keinen halben Meter tief ist und die Kleinkinder ungeniert pinkeln.

Aber das sage ich natürlich nicht laut; es würde die schöne Stimmung stören.

Auf den Sprungturm steigen und ins Wasser springen – nichts würde ich lieber machen, aber in meiner Welt ist das nur ein schöner Traum.

Das Fußballmatch ist vorbei. Welche Mannschaft hat gewonnen? Mir ist es egal, mein Selbstmitleid löscht jeden anderen Gedanken aus. Zwei Stimmen streiten sich in mir. Die eine sagt, dass ich doch mitgehen und zuschauen kann, wie die anderen springen; dass ich selbst nicht springen kann, ist doch wohl egal … Die andere Stimme sagt: „Bleib zu Hause und tue etwas gegen deinen Frust."

Diesmal gewinnt die „Bleib zu Hause"-Stimme. Ich gehe ins Haus, wo meine Mutter ist, und beginne hemmungslos zu schreien. Die aufgestaute Verzweiflung, die ich draußen vor meinen Kumpeln nicht zeigen konnte, bricht sich mit Urgewalt Bahn. Es ist die alte Frage, die alle anderen Gedanken in mir beiseiteschiebt und so wild wird, dass sie einfach hinaus muss:

„WARUM HAB ICH DIESE BEHINDERUNG? WARUM AUSGERECHNET ICH???"

Meine Mutter, die den Ton in meiner Stimme erkennt, lässt alles liegen und stehen, nimmt mich an der Hand und führt mich ins Wohnzimmer. Dort setzen wir uns auf das Sofa, und sie hält mich und drückt mich ganz fest. Ich fange an zu weinen. Ich höre ihr heftiges Atmen und weiß: Sie leidet mit mir. Sie sagt nichts, und das ist auch nicht nötig. Sie weiß, wie mir zumute ist, und das ist mir genug.

Am Abend kommt dieselbe Clique wieder. Sie fragen, ob sie unten im Keller Tischtennis spielen können.

Kapitel 9

Ich trage mein Tablett selbst und fahre Moped

Niemand von uns hat in seinem Leben alles im Griff. Es gibt immer Dinge, die man nicht beherrschen oder nicht ändern kann. Bei mir ist das zum Beispiel meine Zerebralparese. Jeden Morgen neu ist sie da, obwohl ich sie nicht haben will. So viel ich auch versuche, sie zu verdrängen und zu verleugnen – sie geht nicht weg.

Aber trotzdem will ich glauben, dass ich mein Leben beeinflussen kann, und sei es nur ein kleines bisschen. Und das gibt mir Hoffnung!

Als ich in die siebte Klasse kam – also in die Oberschule –, stand ich vor zwei großen Aufgaben.

Die eine war, ohne Betreuer klarzukommen.

Die andere war, Mopedfahren zu lernen.

In den Sommerferien vor dem siebten Schuljahr kam sie, die Frage: Wollte ich weiter meinen Betreuer behalten, oder wollte ich versuchen, selbstständig zu werden?

Mein erster Gedanke war: Was für eine verlockende Frage! Sie roch nach Frische und Abenteuer. Solche Fragen machen mich an!

Aber es gab nur eine korrekte Antwort auf sie, eine traurig-vernünftige Antwort. Wenn man logisch dachte. Ja, ich würde meinen Betreuer noch eine ganze Weile brauchen.

Warum? Weil ich nach wie vor jede Menge Hilfe bei allen möglichen Sachen brauchte, vom Bleistiftspitzen und Klebebandabreißen im Klassenzimmer bis zum Schneeballmachen in den Pausen.

Ich dachte lange nach – und sagte meinem Betreuer „Tschüß!". Ein kühner, fast schon naiver Entschluss. Aber ich habe ihn nie bereut. Ich sehnte mich so sehr danach, mich selbst zu besiegen. Oder dem Schicksal die nächste Nase zu drehen.

Die Logopädin, zu der ich während der ersten sechs Schuljahre gegangen war, fungierte die ersten paar Tage als eine Art Ersatzbetreuer, damit ich in der neuen Schule nicht völlig unter die Räder kam. Aber nach drei Tagen sagte ich, dass ich es jetzt alleine versuchen wollte. Was sein musste, musste sein – so mein zitternder Beschluss.

Ich kann mich gut erinnern an das Gefühl, das mich in diesen ersten Wochen in der Siebten erfüllte. Jetzt war ich, und ich allein, für mich verantwortlich. Das war neu. Es fühlte sich toll an, aber auch mordsgefährlich. Die Fragen klopften an: *Wie bringe ich es fertig, mich nach der Sportstunde rechtzeitig umzuziehen, bevor die nächste Stunde anfängt? Was passiert, wenn ich irgendwo stürze, wo keiner es merkt – wer ruft dann den Krankenwagen und sagt meinen Eltern, in welchem Krankenhaus ich bin?* Und dann die Mutter aller Fragen: *Wie kriege ich es hin, mein Essenstablett selbst zu tragen?*

Alle drei Fragen erwiesen sich als berechtigt. Aber die Antworten auf sie waren gnädig schmerzfrei.

Meine Mitschüler wetteiferten darum, wer mit mir im Umkleideraum bleiben durfte. Wer sagte schon „Nein", wenn es darum ging, eine halbe Mathematikstunde freizubekommen? Und welcher Lehrer brachte es schon fertig, mir oder meinen neuen Kameraden einen Eintrag wegen Verspätung zu verpassen?

Was die zweite Frage betrifft, darf ich dem Leser mitteilen, dass es weniger Krankenhausfahrten wurden als in der Unter- und Mittelstufe. Die Erste-Hilfe-Ausstattung der Oberschule war besser, sodass viele meiner Blessuren gleich vor Ort versorgt werden konnten. Mit der Schulkrankenschwester war ich, wie man sich leicht vorstellen kann, bald per Du.

Schlimmer und vor allem peinlicher war es in der Schulmensa. Für meine spastischen Arme war es Schwerstarbeit, ein volles Essenstablett zu balancieren. Bratwurst, Spaghetti, Gemüse – es gab nichts, was nicht auf dem Fußboden landete. An ein Glas Milch war nur zu denken, wenn ich einen meiner Mitschüler bat, es für mich zu tragen.

Mit der Zeit bekam ich die Sache in den Griff, aber ich muss zugeben, dass es mir nicht leichtfiel, ein drittes Mal zur Essensausgabe zu gehen, weil mir gerade zum zweiten Mal die ganze Herrlichkeit auf den Boden gefallen war.

Die vielen, die fanden, dass ich auf der Stelle meinen Betreuer zurückholen sollte, machten die Sache nicht einfacher für mich. Sie schüttelten den Kopf über meine Fußbodenmahlzeiten und sagten: „Es wäre leichter für alle, wenn du einsehen würdest, dass du Hilfe brauchst, Jonas!"

Aber ich kapitulierte nicht. Und ich schaffte es.

„Das Tablett selbst tragen" ist für mich ein stehender Begriff geworden, wenn ich mir selbst oder anderen Mut mache, etwas Neues zu wagen. Ich glaube, dass es immer eine „Wieder-alles-auf-dem-Fußboden"-Phase gibt, bevor man das Neue voll in den Griff bekommen hat.

Wenn das Mittagessen auf dem Fußboden landet, ist man leicht versucht, aufzugeben und zu denken, wie schön und bequem es früher war, und auf all die Stimmen zu hören, die einem einreden wollen, dass das Neue nur lauter Probleme mit sich gebracht hat. So oft fordern unsere Mitmenschen uns auf, den leichten Weg zu wählen. Und im Mittelmaß zu bleiben.

Ich habe Folgendes gelernt: Egal, wie viel Essen auf dem Fußboden landet, wenn ich durchhalte, kommt früher oder später der Durchbruch – der große Tag, an dem ich zum ersten Mal mein Tablett selbst tragen kann, ohne es fallen zu lassen

Und das zweite große Projekt also hieß: Mopedfahren lernen.

Wenn es gefährlich und in vieler Hinsicht dumm war, meinen Betreuer abzuschaffen, dann war das mit dem Mopedfahrenlernen der nackte Wahnsinn. Meine erste Fahrt (sie fand an meinem 15. Geburtstag statt) war eine Mischung aus Wunschtraum und Alptraum. Tief drinnen wusste ich natürlich, wie verrückt und verantwortungslos ich war. Es war vollkommen meine eigene Schuld, dass ich da saß, wo ich saß: mit 45 Sachen auf einem zweirädrigen Monstrum, das ich kein bisschen beherrschte. Es war so ähnlich, wie den Kopf unter das Beil des Henkers zu legen. Aber ich schob das mulmige Gefühl in meinem Magen beiseite, die Sehnsucht hatte schon lange über den Verstand gesiegt. Klar, dass ich Moped fahren würde! Das machten ja alle …

Der Blick meiner Mutter, als ich auf der Straße vor unserem Haus hin und her fuhr, war voller Tränen und

Lachen gleichzeitig: „Jonas schafft das ... Jonas schafft das ...!"

Mein Mopedexperiment bedeutete natürlich, dass ich mit dem Risiko spielte, mir die Beine zu brechen und die Zähne auszuschlagen – gelinde gesagt. Immer wieder stürzte ich und lag unvermittelt auf der Straße, während irgendein nicht unwichtiges Teil des Mopeds davonrollte. Das verlorene Teil fand ich äußerst selten wieder, sodass ich etliche Male dazu übergehen musste, das Moped nach Hause zu schieben. Was wiederum nicht besonders gut endete. Das Moped war schwer und ich klein, sodass ich bald Schlagseite bekam und wieder auf dem harten Asphalt zu liegen kam, diesmal mit dem ganzen Moped über mir.

Nach diversen Kollisionen begann der Motor, verbrannt zu riechen, und das Moped bekam selbst spastische Zuckungen, die mich wieder hinunter auf den Asphalt zwangen.

Zum Glück hatte ich einen tüchtigen großen Bruder, der jedes Mal das Moped reparieren konnte und der meiner Mutter nie berichtete, was passiert war; was sollte er ihren Blutdruck unnötig hochtreiben?

Ja, in dieser gefährlichen Phase meines Lebens bekam ich unzählbare weitere blaue Flecken in allen Größen und Formen. Einige meiner Blessuren brauchten mehrere Jahre, bis sie richtig verheilt waren. Aber daran war allein ich selbst schuld. „Vorsicht" ist noch nie mein Lieblingswort gewesen. Die Kurve da vorne, die musste ich flott nehmen, das lehmige Stück Wiese dort war eine gute Abkürzung, und mal sehen, ob die Bremsen für dieses Gefälle taugten ... Mein Vater machte den Vorschlag, das Moped mit Stützrädern zu versehen. Gut möglich, dass das etwas für die Sicherheit gebracht hätte – aber definitiv null Punkte auf der Männlichkeitsskala ...

Vor allem an einen Mopedunfall kann ich mich noch gut erinnern. Er passierte, als ich einen Tag, nachdem ein Freund mein Moped frisiert hatte, auf einem Radweg fuhr. Plötzlich kam eine 90-Grad-Kurve, die ich nicht bemerkt hatte. Ich fuhr natürlich nicht um die Ecke, sondern weiter geradeaus – und landete in einem metertiefen Graben.

Platsch!

Da lag ich, mit dem Moped über mir und jeder Menge Lehm und Schlamm unter mir. Aber aus irgendeinem unerklärlichen Grund war ich nicht verletzt. Ein ordentlicher Schreck – das war alles!

Ich lag in dem Graben und meine Beine zitterten, als ob sie an ein elektrisches Kabel angeschlossen waren. Mein Puls muss über 200 gewesen sein. Ich musste mich in den Arm kneifen, um mich zu vergewissern, dass ich noch am Leben war.

Meine Schutzengel müssen Überstunden gemacht haben an dem Tag.

Aber das Moped gab mir auch eine Mobilität, die ich bisher noch nicht gekannt hatte. Ich konnte zur Haustür hinausgehen und losfahren, auch wenn ich gar kein Ziel hatte. „Ich fahr' eben ein bisschen Moped" – wie ich diesen Satz genoss! Das war doch etwas anderes als das, was ich noch vor zwei Jahren gesagt hatte: „Ich fahr' mal eben mit dem Rollstuhl raus ... "

So selbstständig zu sein – was hatte ich mich danach gesehnt! Das Wissen, dass meine Eltern und ihre beschützenden Hände nicht mehr in der Nähe waren, gab mir ein wunderbares Gefühl, endlich groß und erwachsen zu sein. Jetzt brauchte ich nur noch ein Mädchen, und das Leben wäre perfekt!

Herzblatt

„Jonas, möchtest du dich nicht hier neben mich auf die Decke setzen?"

„Ach, ich glaub', ich steh' lieber …"

„Echt? Ich hab dir aber extra 'nen Platz frei gehalten. Jetzt komm doch und setz dich."

„Ich … weiß nicht … Ich glaub', es ist vielleicht besser, wenn ich stehe."

Das darf nicht wahr sein, denke ich. *Das schönste Mädchen aus der Klasse fragt mich, ob ich nicht neben ihr sitzen möchte, und was mache ich? Ich sage „Nein"!*

Das ist unmöglich, das gibt's nicht! Jetzt reiß dich zusammen, Jonas!

„Aber ich kann mich auch setzen, klar doch …"

Ich beschließe, meinem Körper zu trotzen.

Das hätte ich besser nicht getan. Schon beim „Hinsetzen" lässt mein elendes Gleichgewicht mich im Stich.

Ich stolpere. Falle quer über die ganze Runde und lande punktgenau in der Schüssel mit dem Obstsalat.

„Ah … oh …", stottere ich nervös.

Ich wische so viel von dem Obst von meinem Pullover, wie ich kann.

Aber die Klassenschönste lächelt mich nur an und kichert etwas. Hmm, die scheint mich zu mögen!

Ich versuche, mich so normal wie möglich auf die Decke zu setzen.

Das Einfachste ist immer, wenn ich mich der Länge nach auf dem Rücken ausstrecke, aber das kann ich hier wohl nicht bringen, da würde die Schöne mich für voll daneben halten!

Und so nehme ich alle meine Kräfte zusammen, um die Beine in so etwas wie einen Schneidersitz zu zwingen. Aber mein linkes Bein hat heute keinen guten Tag, das merke ich bald. Urplötzlich beginnt es zu zucken und tritt die Schöne mitten in den Bauch.

„Autsch! Was machst du da, Jonas?"

Ich suche nach Worten und finde keine.

Sie beruhigt sich auch so und fragt mich charmant, was ich trinken möchte.

„Ich bin nicht sehr durstig", antworte ich, in der Hoffnung, auf diese Weise nicht einen von diesen kleinen dünnen Plastikbechern in meine verspannte Hand gedrückt zu bekommen.

„Jetzt komm, Jonas! Natürlich kriegst du was", sagt die Schöne. „Hier – du trinkst doch Cidre, oder?"

Sie füllt den Becher bis zum Rand und reicht ihn mir, nicht ohne mich aufmunternd anzuzwinkern.

Ich möchte nur noch heim zu meiner Mama.

Nach zwei Sekunden habe ich den Becher zerdrückt und den ganzen Cidre über die Jeans der Schönen gekippt.

„Jonas, was soll denn das? Du hast mich ja total nass gemacht! Mit dir hat man ja echt Stress!"

„Entschuldige, das tut mir echt leid. Ich hab eine Hose zu Hause, die kannst du gerne ausleihen, wenn du willst …"

Aber die Klassenschönste möchte keine Hose von mir ausleihen.

Und der Kuss im Mondschein findet auch nicht statt.

Kapitel 10

„M" wie Muskeln, „E" wie Eigensinn

Jetzt ging ich also auf das Gymnasium. Es war richtig spannend. Und eine neue, große Herausforderung. Ich hatte den Wirtschaftszweig gewählt, der mir vielseitig und interessant erschien.

Meine Schule lag mitten im Zentrum von Göteborg, und da wir zwanzig Kilometer außerhalb der Stadt wohnten, bot man mir an, mich mit dem Behindertenbus abzuholen, von Haustür zu Haustür. Ich lehnte das Angebot ab. Ich wollte sehen, ob ich nicht mit dem normalen Bus und der Straßenbahn zurechtkam. Mein Entschluss überraschte mich selbst; eigentlich bin ich auch jemand, der es gerne bequem hat. Aber etwas in mir trieb mich an, den Kampf gegen mein Handicap fortzusetzen.

Nun, es ging verhältnismäßig gut. Wenn ich keinen Sitzplatz im Bus bekam, rollte ich zwar wie eine verrückt gewordene Bowlingkugel hin und her durch den Mittelgang, aber warum sollten die Göteborger am Montagmorgen nicht auch mal etwas Lustiges sehen?

Die Autofahrer – die meinen Eltern vielleicht am meisten Angst gemacht hatten – waren wider Erwarten nett zu mir. Sie hielten mehrere Meter vor dem Zebrastreifen an, wenn ich dahergewackelt kam. Was vielleicht gar nicht so unerklärlich ist; wer will schon einen Spastiker auf der Motorhaube und anschließend auf dem Gewissen haben?

Eine der Aufgaben auf dem Gymnasium bestand für mich darin, neue Freunde zu finden; von meinen alten war außer mir niemand auf dieser Schule gelandet.

Schwarze Gedanken kamen und flüsterten mir zu, dass ich

jetzt bald ganz allein sein würde. „Warte nur ab, hier mobben sie dich …"

Falsch! Ich bekam viele wunderbare neue Freunde, besonders einen, der Johan hieß und nach nur einer Woche mein bester Freund war. Wir waren ständig zusammen; wo ich war, war Johan, und wo Johan war, war ich nicht weit.

Eines Tages, nach ungefähr einem Halbjahr, trat ein Mädchen zu Johan und sagte, dass es ihm danken wollte. Es hatte Tränen in den Augen.

Johan wusste nicht, wie ihm geschah, als diese junge Dame so ohne jede Vorwarnung ihr Herz vor ihm ausschüttete und ihm sagte, was für ein super Typ er war. Er wurde richtig verlegen. „Wie meinst du das eigentlich?", fragte er schließlich.

„Wie ich das meine?", sagte das Mädchen. „Na, dass du dich so um Jonas kümmerst natürlich!"

Johan lachte los und konnte gar nicht mehr aufhören. (Er lacht heute noch manchmal, wenn wir uns über die alten Zeiten austauschen.) Dann sagte er dem Mädchen, dass es das alles ganz falsch verstanden hatte.

„Verstehst du, das ist alles gerade anders herum. Jonas kümmert sich um *mich* …"

Und er fügte mit großem Nachdruck hinzu: „Und wie!"

Was er mit der letzten Bemerkung meinte, weiß ich heute noch nicht richtig.

Und irgendwann bekamen alle Jungen in der Klasse ihre Einberufung zur Musterung für den Wehrdienst. Plötzlich fühlten wir uns richtig erwachsen; wir waren dabei, Männer zu werden! Die, die die Musterung schon hinter sich hatten, berichteten mit stolzgeschwellter Brust, dass sie 90 Punkte im Krafttest bekommen hatten, 80 im Konditionstest usw., und dachten laut darüber nach, ob sie zu den Fallschirmjägern kommen oder gleich zu Offizieren ernannt werden würden.

Ich wartete verzweifelt auf meine Einberufung. Ich warte heute noch auf sie.

Je älter ich geworden war, umso deutlicher war mir geworden, was zählte im Leben. Was ein „richtiger" Mann war, war offenbar eine Sache der Quantität und nicht so sehr der Qualität. Männlichkeit war eine Sache der körperlichen Leistungen. Aha.

Damit zurechtzukommen, es wurde immer schwerer für mich. Dadurch, dass ich als Kind so viel im Rollstuhl gesessen hatte, waren meine Beine natürlich nicht so stark und gelenkig wie die der anderen. Dass ich nach wie vor ständig meine Krämpfe und Zuckungen hatte und ein jämmerliches Gleichgewicht, machte die Sache nicht unbedingt besser. Als ich auf dem Mittsommerfest als Siebzehnjähriger bei der Mannschaftsaufstellung für das Sackhüpfen dabei war und erleben musste, wie vor mir etliche kleine Mädchen (und eine Reihe reiferer Frauen) ausgewählt wurden, wurde ich einmal mehr an das erinnert, was ich ständig beiseitezuschieben versuchte: dass ich trotz allem – anders war.

Ich machte jeden Abend mein Muskeltraining, bis der Schweiß auf den Fußboden troff. Aber wenn ich dann am nächsten Morgen vor den Spiegel trat, sah ich genauso steif und dünn aus wie eh und je.

Im ersten Jahr auf dem Gymnasium durfte ich nicht am Sportunterricht teilnehmen. Die Lehrer und die Ärzte glaubten schlicht, dass der Unterricht zu anstrengend für mich wäre und mir nur noch mehr Fahrten in mein Stammkrankenhaus einbringen würde. Was genau das Richtige für mein Selbstbild als werdender Mann war …

Aber ich hatte mir einen „Plan B" zurechtgelegt. Wenn die anderen ihre Sportstunden hatten, würde ich eben ins

Fitnesscenter gehen. Ein diszipliniertes Training auf eigene Faust – das wäre mein Weg zum vollkommenen Mannsbild! Das Fitnesscenter würde nicht nur meine Muskeln aufbauen, sondern auch mein Selbstbild. Dachte ich.

Gleich am ersten Tag in dem Fitnesscenter stürzte mein Minderwertigkeitskomplex sich wie ein Raubtier auf mich. Neben diesen Muskelprotzen sah ich ja wie das letzte Würstchen aus!

Als Erstes musste ich die Stäbe, die die Gewichte an den Geräten regulierten, herausziehen und für die Dauer meiner Übungen zur Seite legen. Als ich mich an der Scheibenhantel versuchte, entdeckte ich, dass selbst die leichtesten Scheiben zu schwer für mich waren und dass es schon ein Erfolg war, wenn ich die nackte Stange hochheben konnte.

Aber ganz allmählich, nach etlichen Stunden zu Hause mit Mama auf dem Sofa, begannen meine Gedanken, ihr Haupt zu heben. Ich merkte, dass *ich* ja in dem Fitnesscenter viel mehr am Platz war als die besagten Muskelprotze. Sie hatten ja schon so viele Muskeln, dass sie wie auf dem Kopf stehende Pyramiden aussahen!

Als mein zweites Jahr auf dem Gymnasium anfing, begannen die Stunden im Fitnesscenter sich auszuzahlen und ich durfte wieder am Sportunterricht teilnehmen.

Ich sage den Leuten gerne, dass ich nicht nur von Geburt Spastiker, sondern auch ziemlich eigensinnig bin. Aber das hat der Leser vielleicht schon selbst gemerkt. Das Buch, das er vor sich hat, habe ich mit dem Zwei-Finger-Adler-Kreis-Such-System geschrieben. (Fragen Sie mich besser nicht, wie viele Wörter ich mehrmals tippen musste.)

Ehrlich gesagt, weiß ich nicht so recht, was ich mit meinem Eigensinn machen soll. Für mich ist er wie ein Chamäleon, das alle möglichen Farben annehmen kann. Manchmal ist er wie ein bester Freund, dann wieder wie ein heimtückischer Feind. Es hängt ganz davon ab, in welchen Situationen er sich meldet.

Wenn ich dabei bin, mir ein Stück neues Lebensterritorium zu erobern – zum Beispiel darum kämpfe, am Sportunterricht teilnehmen zu dürfen oder bei McDonald's ein volles Tablett bis zum Tisch zu tragen, ohne dass die Limo auf dem Fußboden landet –, dient mein Eigensinn einem hehren Ziel. Er ist wie ein Turbolader in meiner Seele, der mir die Kraft gibt, die ich brauche, um einen persönlichen Sieg zu erringen. Er hat mir mehr als ein Mal dazu geholfen, dass der Kampf „Jonas gegen sein Handicap" 1:0 endete.

Schlechter ist es, wenn mein Eigensinn sich ohne jede Vorwarnung selbstständig macht. Dann kann er richtig schwarz und egoistisch werden. Einmal meldete er sich, als wir einen Familienurlaub in Ungarn machten. Nach drei Tagen Kampf gaben meine Eltern es auf und fuhren zurück nach Schweden. Der Grund? Ich hatte es mir in den Kopf gesetzt, dass ich unbedingt ein Konzert im Freizeitpark Liseberg bei Göteborg besuchen musste! Es ist eine Episode aus meinem Leben, auf die ich wahrlich nicht stolz bin, aber aus der ich (hoffentlich) etwas für den Rest meines Lebens gelernt habe (Nämlich: Fahre nicht nach Ungarn, wenn daheim dein Idol Kent spielt).

Wenn mein Eigensinn mich so richtig gepackt hat, bin ich nicht besonders pflegeleicht. Da setze ich es mir zum Beispiel in den Kopf, ein Klavierstück zu lernen, zu dem man viel mehr Finger benötigt als die paar, die ich benutzen kann. Das braucht dann etwas Zeit. Oder ich nehme mir vor, so lange im Schwimmbecken zu bleiben, bis ich mindestens fünfzig Meter geschwommen bin – oft mit dem Ergebnis, dass alle anderen schon gegangen sind und ich dann hinterher alleine in der Sauna sitze.

Auf absolute Hochtouren kam mein „Eigensinnsmotor", als ich Autofahren lernte.

Die Sehnsucht nach dem Führerschein packte mich schon früh. Mit ganzen fünfzehn Jahren fragte ich meinen Vater allen Ernstes, ob er nicht auch dachte, dass ich den Führerschein machen konnte, wenn ich etwas größer war. Mein Vater, der mich stets bei meinen hochfliegenden Plänen unterstützt hatte, wusste diesmal nicht, was er sagen sollte. Was ich da wünschte, es war doch vollkommen unmöglich! Fahrrad fahren ohne Stützräder, Moped fahren mit einem extra stabilen Sturzhelm – das konnte Papa begreifen. Aber Auto fahren, das überstieg seine wildesten Fantasien. *So* sehr dem Schicksal trotzen, war das nicht ein bisschen zu viel verlangt?

Nach einer langen Pause und mit bekümmerten Falten auf der Stirn sagte mein Vater schließlich: „Jonas, ich will dich nicht traurig machen, wirklich nicht, das weißt du. Aber das mit dem Autofahren, das vergisst du am besten, sonst wirst du nur frustriert."

Er klang extra behutsam, als er das sagte. Und mein Vater ist ein kluger Mann, sehr sogar. Aber just in diesem Augenblick sprang dieser Motor in meiner Seele an. Ich weiß das noch, als ob es gestern war; er brummte einfach los.

Und er schaltete sich erst ab, als ich meine Fahrprüfung geschafft hatte. Am 10. Juli 1996, vier Monate nachdem ich achtzehn geworden war.

Spielstand im Match zwischen Jonas und seiner Behinderung: 20:0!

Kapitel 11

„Pusten Sie bitte mal hier rein!"

E r kann fahren, bestimmt, machen Sie sich keine Sorgen ..."

Mein Vater war dabei, als ich zur Fahrprüfung ging. Er
fand, dass es das Beste war, ein paar Worte mit dem Prüfer zu
wechseln, der mit mir hinaus ins Verkehrsgewühl fahren würde. Das fand der Prüfer auch, falls ich seine Miene recht deu-
tete. Es schien ihm nicht jeden Tag zu passieren, dass er die
Aufgabe bekam, festzustellen, ob man jemanden wie mich am
Steuer eines Fahrzeugs auf die Menschheit loslassen konnte
oder nicht.

Aber es ging alles gut. Nach fünfzig Minuten Fahrt ohne
Unfall oder Straßengrabenlandung (und der Motor ging mir
nur einmal aus) schien der Prüfer allmählich zu glauben, dass
ich tatsächlich Auto fahren konnte. Er hörte jedenfalls auf, an
den Fingernägeln zu kauen, und als wir fertig waren und ich
das Auto schön gerade auf dem Parkplatz vor dem Straßen-
verkehrsamt abgestellt hatte, sagte er nur: „Ja, das war nicht
schlecht. Ich habe nichts zu beanstanden."

Ich weiß noch gut, wie glücklich ich in diesem Augenblick
war. Und wie stolz.

Ganz zu schweigen davon, wie stolz meine Eltern waren.
Ihr Sohn, der als Kleinkind noch nicht einmal Tretauto hatte
fahren können, hatte den Führerschein gemacht! Wir feierten
das Ereignis mit einer großen Marzipantorte.

Wie alle anderen frischgebackenen Führerscheininhaber
wollte ich das Auto gleich am ersten Abend ordentlich pro-
befahren. Ich lud mir also ein paar Freunde auf die Rück-
bank, drückte ordentlich auf das Gaspedal und düste mit

110 Sachen, gerne auch etwas mehr, über die Autobahn. Was für ein Gefühl! Ich war der Erste in meiner Clique, der den Führerschein gemacht hatte, und fühlte mich wie ein König. Eine neue Welt öffnete sich vor mir.

Meine Freunde waren es gewohnt, dass ich die verrücktesten Sachen machte, aber das hier, es schlug alle Rekorde. Mehrere meiner Beifahrer hatten mich noch im Rollstuhl erlebt, und jetzt saß ich hinter dem Steuer eines Autos! Unglaublich. Unerhört.

Es war fast schon eine heilige Stunde, diese Spritztour. Ich glaube, in uns allen, die wir da in dem Auto saßen, wuchs eine neue Lebenszuversicht. Es wurde uns förmlich greifbar, dass man sich hüten soll, einem Menschen allzu schnell zu sagen, dass seine Träume oder Ziele zu groß oder unerreichbar sind. Wenn ich meinen Führerschein geschafft hatte, was war dann überhaupt noch unmöglich?

Mein Führerschein hat mir viele lustige Erlebnisse eingebracht. Wenn ich tanke, ist das immer richtig spannend. An der einen Tankstelle glaubt das Personal, dass ich mit dem Auto aus der Psychiatrie entsprungen bin und dass in fünf Minuten ein paar Herren kommen und mich abholen werden. An der nächsten starrt die Kassiererin mich fassungslos an, wenn ich sage: „Die Nummer drei, bitte!" Und alle reagieren, gelinde gesagt, erstaunt, wenn ich dann das Auto starte und fortfahre. Ihre Blicke durch das Fenster vergolden meinen Tag.

Ein anderer Höhepunkt beim Autofahren sind die Polizeikontrollen. Eine Routinekontrolle hört auf, Routine zu sein, wenn ich zur Seite gewinkt werde. Ich hole gleich meinen Führerschein hervor, den die Beamten sicher sehen wollen. Richtig, sie wollen ihn sehen, gerne auch zweimal. Sie studieren ihn wie einen Lottoschein, der den Jackpot gewinnt.

Wenn der Führerschein abgehakt ist, ist es Zeit für den zweiten Akt der Vorstellung: das Blasen. Die Polizisten fuchteln mit dem berühmten Röhrchen und bestehen darauf, dass ich hineinblase.

Das Problem ist nur, dass ich das nicht kann!

Das ist der wirklich absurde Teil bei den Polizeikontrollen. Spät am Abend gehen die meisten, wie gesagt, davon aus, dass ich einen über den Durst getrunken habe. Ich bin für sie dann nicht behindert, sondern schlicht sternhagelvoll. Manchmal philosophiere ich glatt darüber, was ich lieber wäre: behindert oder betrunken ... Auf jeden Fall: Die Polizisten gehen davon aus, dass ich blau bin. Aber was ist das? Der Kerl hat keine Fahne. Und wie können seine Pupillen normal groß sein, wenn er so viel getrunken hat? Wenn ich beteuere, dass ich nicht blasen kann, weil ich Spastiker bin, kommen sie vollends aus dem Takt, verlieren die Fassung und sagen diverse hässliche Worte. So einen Fahrer wie mich scheinen sie noch nie erlebt zu haben.

Einmal wurde ein Polizist so verlegen, dass er mich um Entschuldigung bat und einfach weiterfahren ließ. Dass er mich angehalten hatte, weil ich zu schnell gefahren war, hatte er ganz vergessen. Ein Knöllchen weniger!

Ganz lustig war es auch, als ein anderer Polizist die Passagiere in meinem Auto allen Ernstes fragte, ob der Mann am Steuer überhaupt fahren könnte. Ich hatte große Lust, ihm zu erklären, dass ich sie alle entführt hatte. Glaubte der im Ernst, dass die Leute zu mir ins Auto gestiegen wären, wenn ich geistig umnachtet oder stockbetrunken gewesen wäre?

Zu etwas ungewöhnlichen Situationen kommt es auch, wenn jemand, der mich noch nicht kennt, zu mir ins Auto steigen soll. Einmal holte ich ein Paar am Bahnhof ab; wir wollten gemeinsam zu einer Hochzeit fahren. Wir waren wie gesagt vor dem Bahnhof verabredet, aber meine Passagiere schienen auf noch jemanden zu warten. Ziemlich lange. Es dauerte etwas, bis ihnen dämmerte, dass der Chauffeur ich war. Gerne würde ich dem geneigten Leser ihre Gesichter zeigen, aber ich habe sie leider nicht fotografiert.

Später an dem Abend saßen wir drei beisammen und lachten über die ganze Sache. Die beiden gaben unumwunden zu, dass sie während der ganzen Fahrt Todesängste ausgestanden hatten. „Lieber Gott, wir wollen doch auf diese Hochzeit; hilf dem komischen Fahrer …"

Szenen aus dem Leben

Termin bei der Sozialversicherung

Hinter den großen Papierstapeln sitzt zusammengesunken ein Mann. Seine Brille hängt tief auf seiner Nase. Er schaut nicht hoch, als ich hereinkomme, und ich setze mich, ohne dass er mich sieht.

Ich warte.

Plötzlich sagt er: „Guten Tag, Herr Helgesson."

Und er beginnt einen umständlichen Vortrag darüber, wie die Sozialversicherung traditionell Behinderten mit diversen Hilfsmitteln für Autos und andere Dinge zur Seite steht.

„Wir sehen das Auto als ein Hilfsmittel, wenn man nicht selbst gehen kann, bla, bla, bla …"

Wenn man nicht selbst gehen kann …? Wie meint der das?

Er fährt fort: „Herr Helgesson, wenn Sie mir bitte ein paar Fragen beantworten würden. Ist das okay?"

Ich grübele immer noch über die Worte nach „Wenn man nicht selbst gehen kann", aber ich nicke höflich. „Ja, natürlich, fragen Sie nur."

Er fängt an. „Wie viele Schritte können Sie machen, bevor Sie stürzen?"

Ach so. Mein Groschen beginnt zu fallen. Der glaubt, dass ich im Rollstuhl sitze!

Dann erinnere ich mich daran, dass er ja gar nicht gesehen hat, wie ich in den Raum gekommen bin.

Das kann ja wohl nicht wahr sein …

Das hier gefällt mir nicht. Ich will hier weg. Ich bereue es, dass ich überhaupt auf den Brief reagiert habe. Ich brauche ja gar keine Hilfsmittel in dem Auto, sondern ja … was bloß? Hab ich womöglich erwartet, dass die mir nun ein nagelneues Auto schenken? Was mache ich hier eigentlich?

Ich nehme mich zusammen. Ich bin bei der Sozialversicherung und darf nicht lügen. Und ich sage:

„Als ich mal Golf gespielt habe, bin ich zehn Kilometer gelaufen."

Jetzt wird es ihm doch dämmern, dass ich nicht im Rollstuhl sitze. Ein Rollstuhlfahrer kann ja wohl nicht so weit laufen, oder?

Gleich wird er mir die Leviten lesen.

Aber das tut er nicht. Er sitzt da und sieht mich an. Nimmt der mich überhaupt ernst?

„Haben Sie zu Hause einen Aufzug?", fragt er.

Was für eine Frage! Aber gut, vielleicht nicht für jemanden, der wirklich Rollstuhlfahrer ist. Der Zyniker in mir möchte am liebsten antworten: „Na, klar hab ich einen Aufzug. Und 'ne Rolltreppe und 'ne Strickleiter." Wie normal ist es überhaupt, dass jemand einen Aufzug in seinem Einfamilienhaus hat? Aber ich beiße die Zähne zusammen und sage nur: „Nein."

„Wie kommen Sie dann vom Erdgeschoss ins Obergeschoss?", fragt der Mann.

Das hier ist absurdes Theater von der makabren Sorte! Dieser Sachbearbeiter glaubt immer noch, dass ich im Rollstuhl sitze! In was bin ich hier hineingeraten? Es liegt mir auf der Zunge, zu antworten: „Mit der Strickleiter." Aber warum sage ich nicht einfach die Wahrheit?

Gut. Ich nehme mich zusammen, unterdrücke meinen Lachreflex so gut es geht und sage, dass ich meistens die Treppe benutze.

Der Rest des Gesprächs ist das reine Chaos. Ich laufe zur Höchstform auf und sage, dass ein motorisierter Golfwagen doch auch ein gutes Hilfsmittel für mich wäre, und so weiter und so fort.

Nach einer Weile hört der Sachbearbeiter Gott sei Dank auf mit seinen Fragen. Ich überlege, wie wir das hier am besten abschließen und wittere Morgenluft: Vielleicht muss er dringend zu einem anderen Termin und wird gleich gehen, ohne gemerkt zu haben, dass ich ja gar keinen Rollstuhl dabeihabe.

Aber er bleibt ganz ruhig sitzen.

Er sucht in seinen Papierstapeln.

Ich tue mein Bestes, um die Sache hinauszuziehen, schüttle dem Mann umständlich die Hand und sage mehrere Male, wie nett es war, dass er mich zu sich bestellt hat.

Aber er macht keine Anstalten, den Raum zu verlassen, und noch länger bleiben kann ich nicht. Ich stehe also langsam auf, drehe mich um und gehe ganz leise, auf Zehenspitzen zur Tür. Mit Zittern warte ich auf seine Reaktion.

Und sie kommt, aber ohne Worte. Sein Unterkiefer ist nach unten geklappt, der Mund steht sprachlos offen.

Viele Male habe ich mir überlegt, ob ich nicht diesen Sachbearbeiter ausfindig machen und mich bei ihm entschuldigen sollte. Also, lieber Leser: Falls Sie zufällig diesen Mann kennen, dann lassen Sie ihn wissen, dass mir diese Szene dort bei der Sozialversicherung echt leidtut. (Und falls er mir immer noch ein Auto schenken möchte, können wir gerne darüber reden …)

Kapitel 12

Auf eigenen Beinen

Es kommt nicht immer so, wie man erwartet hat. Manchmal kommt es besser.

Es ist mein Vorrecht, diesen Satz auf mein Leben anwenden zu können. Immer wieder.

Neben meinem Eigensinn und meinem energischen Willen, selbst zurechtzukommen, gibt es noch etwas Drittes, das hinter den wunderbaren Siegen steht, die ich im Leben habe einfahren können.

Es ist der Versuch, alle „Aber" aus meinem Wortschatz zu streichen.

Ich schätze, dass alle Menschen eines oder mehrere große „Aber" in ihrem Leben haben. Alle sagen sie manchmal: „Das würde ich ja so gerne machen, ABER es ist halt so, dass …"

Ich habe gemerkt, dass ich und so ziemlich alle Menschen, die ich kennenlerne, tausend Ausreden dafür haben, warum sie das, was sie eigentlich im Innersten wollen, sein lassen.

Gute Ausreden, gegen die niemand etwas einwenden kann.

Das Problem ist nur, dass wenige dieser Ausreden uns im Leben weiterbringen.

Meinen Eltern fiel es nicht leicht, mich loszulassen. Am liebsten wären sie mir noch bis ins Flugzeug gefolgt, um den Abschied so lange wie möglich hinauszuziehen.

Dort auf dem Flughafen stand ich vor einem neuen Kapitel in meinem Leben. Der nächste Traum war dabei, Wirklichkeit zu werden, der nächste Sieg gegen meine Behinderung stand bevor.

In der fünften Klasse hatte ich einem Klassenkameraden verraten, dass ich irgendwann im Leben einmal ganz alleine, ohne Eltern oder Freunde, Ferien im Ausland machen wollte. Es war so ziemlich das Unrealistischste, mit dem ich kommen konnte – so ähnlich, als ob ich gesagt hätte, dass ich eines Tages kein Spastiker mehr wäre.

Aber jetzt stand ich also hier auf dem Flughafen, um nach Italien zu fliegen und ein paar Freunde zu besuchen. Ganz alleine! Aber damit nicht genug: Ein paar Tage später würden meine Eltern für vier Monate nach Amerika fliegen; nach meiner Rückkehr aus Italien würde ich also ganz alleine in unserem großen Haus wohnen und müsste alles alleine schaffen. Hilfe, wie sollte das gehen?

Ich glaube, mir war nicht recht klar, worauf ich mich da eingelassen hatte.

Nur ein paar Jahre früher wäre die ganze Sache ein schlechter Witz gewesen. Damals konnten meine Eltern mich keine fünf Minuten aus den Augen lassen.

Dort auf dem Flughafen begann also eine neue Phase meines Lebens – eine Phase, die es eigentlich gar nicht geben konnte. Es war so ähnlich, als ob das alte Computerspiel (also mein Körper) auf einmal eine „erweiterte Version" bekommen hatte. Ich zitterte an Armen und Beinen, als ich meine Mutter zum letzten Mal umarmte.

Meine Eltern haben mir später gebeichtet, wie sie sich im Auto, auf der Fahrt zurück nach Hause, unterhielten. Darüber, was für Rabeneltern sie waren. *Wie konnten wir nur? Wir haben einen zwanzig Jahre alten Spastiker, der kaum seine Taschen selbst tragen kann, mutterseelenallein nach Italien fliegen lassen! Wie verantwortungslos! Wenn das die Boulevardpresse hört, ist das ein gefundenes Fressen für die!*

Aber ich möchte meinen Eltern ausdrücklich danken. Dafür, dass sie es mir erlaubten, diese Reise zu machen und meine Grenzen wieder ein Stück auszuweiten.

Obwohl ich es diesmal fast nicht geschafft hätte.

In meiner Maschine kam ich neben einem Mann zu sitzen, der mich lange und eingehend musterte. Dann öffnete er seinen Mund und stellte die Fragen, die ich auf seinem Gesicht schon lange hatte lesen können: „Bist du alleine, ich meine, fliegt niemand mit dir? Willst du nach Italien? Wer wird dir da helfen? Wer holt dich ab? Hast du keine Eltern?"

Ich antwortete, dass ich allein war und nach Rom wollte, wo ich mich zum Busbahnhof begeben und mit einem geeigneten Bus weiter nach Pisa fahren würde.

Der Mann sagte nichts, aber sein Gesicht sprach Bände.

Jawohl, ich stieg in den richtigen Bus nach Pisa. Die ganze Reise klappte wie am Schnürchen. Ich hatte wohl ein bisschen Angst, aber mein Adrenalin war stärker.

Als ich zurück nach Schweden kam, fühlte ich mich einsamer und kleiner, als ich mich je in Italien gefühlt hatte … Das Haus war so groß und so leer!

Meine Mutter rief mich ständig aus Amerika an, um zu hören, wie es mir ging.

Ich sagte: „Danke, gut", aber ich meinte etwas ganz anderes.

„Wie wäscht man die Wäsche?", hätte ich sie fragen sollen. „Wie kocht man? Wie lebt man ohne seine Eltern???"

Und doch war ich unheimlich froh, dass ich mich dieser Herausforderung gestellt hatte. Mein Essenstablett selbst tragen war nichts gewesen dagegen.

Viele meiner Bekannten machten sich richtig Sorgen, wenn ich sagte, dass ich gerade allein im Haus war. Und im Lebensmittelladen bekam ich Blicke, die ich nur in einer Richtung deuten konnte: „Ach, Mama hat dich einkaufen geschickt, wie schön …"

Ich glaube, in den Monaten, als meine Eltern fort waren, bin ich erwachsen geworden. So fühlte es sich jedenfalls an. Die Nabelschnur wurde ein für alle Male gekappt, und ich bekam einen Riesenhunger auf alles, was das Erwachsenenleben zu bieten hatte. Vor allem dann, wenn ich an das zurückdachte, was ich früher alles über meine Zukunft gehört hatte. Die Pläne und Projekte, sie hatten ja immer „behindertengerecht" sein müssen.

Eines der Dinge, die ich als Kind gelernt hatte, war, dass ich nie, auch nicht als Erwachsener, in der Lage sein würde, alleine zu wohnen. Das Haus, in dem meine Eltern wohnen, hatte mein Vater selbst entworfen, und er hatte gleich eine Einliegerwohnung dazu geplant. Sie war für mich gedacht, wenn ich größer würde und „etwas Eigenes" wollte. In dieser Wohnung sollte ich mein Erwachsenenleben beginnen; sie wäre bis auf Weiteres meine Bleibe.

Und wahrscheinlich für immer.

Meine Eltern waren, wie gesagt, alles für mich, als ich klein war; es verging keine Stunde, ohne dass sie mir bei irgendetwas helfen mussten. Das mit der Einliegerwohnung war eine ausgezeichnete Idee. Damals. Dort wäre ich selbstständig, und doch nur eine Wand von meinen Eltern entfernt.

Ums Kochen bräuchte ich mich nicht zu kümmern, dafür hätte ich ja (der Traum jedes Junggesellen) weiterhin meine Mutter. Und die Wohnung wurde gebaut und war da und wartete auf mich.

Gut und schön, aber diese Wohnung war das nächste „Behindertengerechte" in meinem Leben, und mit „behindertengerechten" Dingen hatte ich meine Probleme. Es war eine schöne Wohnung, aber der Gedanke, eines Tages hineinzuziehen, wollte mir nicht gefallen. Er war irgendwie zu eng und zu einfach für meine eigensinnigen Gene. Je älter ich wurde, um so stärker wurde mein Wille, meine Behinderung das *nicht bestimmen* zu lassen – wieder einmal.

Und so kam es, dass lange bevor meine Eltern überhaupt davon zu reden begannen, ob es nicht das Beste wäre, wenn ich ihr Nachbar wurde, ich schon von meiner *wirklich* eigenen Wohnung träumte, einer Wohnung weit weg von zu Hause. Mamas Kochkünste in allen Ehren, aber ich wollte zu neuen Horizonten aufbrechen.

Während meine Eltern in Amerika waren, bekam ich eine total verrückte Idee, die typisch für mich war. Einige von meinen Freunden hatten vor, nach Malmö zu ziehen, und als wir uns so darüber unterhielten, erwachte auch in mir die Malmö-Sehnsucht. Ich ließ mir die Sache durch den Kopf gehen und war mir alsbald darüber im Klaren, dass mein neuer Wohnort Malmö hieß. Es wäre der letzte und entscheidende Schritt zu einem Leben auf eigenen Beinen.

Gesagt, getan. Ein paar Tage, nachdem meine Eltern aus Amerika zurückgekehrt waren, packten mein Vater und ich den Möbelwagen und fuhren nach Malmö.

Ich kann ehrlich sagen, dass ich diesen Schritt nicht bereut habe. Ein bisschen Abenteuer braucht der Mensch ja – das war schon immer der Refrain in der Melodie meines Lebens.

Ein junger Mann, der mit Mühe und Not selbst seine Hosen anziehen konnte, zog in eine fremde Stadt um, 300 Kilometer von seinen Eltern entfernt. Her mit dem roten Teppich!

Szenen aus dem Leben

Die Ketchupflasche

Wo ist das Ketchup? Ich kann das Ketchup nicht finden. Vielleicht frage ich doch besser mal einen von den Verkäufern.

Ich gehe zu einer Frau, die gerade dabei ist, ein Kühlregal neu zu befüllen. „Wo haben Sie hier Ketchup?", werde ich sie fragen.

Als ich sie erreiche, bekomme ich erst nur ein paar Stöhnlaute aus meinem Mund heraus. Die Frau, die mit dem Rücken zu mir steht, bekommt einen Riesenschrecken. Sie dreht sich abrupt zu mir um und starrt mich an.

Ich mache einen zweiten Versuch, sie zu fragen, wo, um alles in der Welt, die Ketchupflaschen stehen, aber ich bringe nach wie vor keine Wörter hervor, sondern nur unidentifizierbare Laute.

Die Frau scheint die Situation immer weniger geheuer zu finden. Dass ich meine linke Hand hinter mich halte (dass ich das wegen meiner Spasmen tue, kann sie ja nicht wissen), scheint ihr Sorgen zu machen.

Ich versuche weiter tapfer, meine Lippen die Worte formen zu lassen, die ich meine. Es gelingt mir nicht, aber plötzlich scheint der Frau ein Licht aufzugehen und sie sagt: „Kommen Sie mit!"

Na, endlich! Gleich werde ich meinen Ketchup kriegen. Aber was ist das? Die Dame führt mich in den Personalraum. Haben die das Ketchupregal im Personalraum?

Sie führt mich weiter zu einer Tür, auf der „WC" steht, und mit einer Stimme, die man sonst benutzt, wenn man mit einem Zweijährigen redet, verkündet sie: „Das ist die Toilette, bitte sehr!"

Ich versuche noch einmal, zu erklären, dass ich hinter dem Ketchup her bin, aber da ich mittlerweile etwas aufgeregt bin, zuckt die Hand, die ich da hinter mir halte, noch mehr. Die Frau nickt verständnisvoll und bedeutet mir, mich zu beeilen.

Ich gebe es auf.

Ich mache gute Miene zum bösen Spiel und gehe brav in die Toilette. Ich setze mich auf den Deckel, raschele mit dem Toilettenpapier, spüle, gehe hinaus und nicke der Dame zu, die nichts anderes glaubt, als die gute Tat des Tages getan zu haben.

Dann gehe ich in den Konsum. Da weiß ich, wo das Ketchup steht.

Kapitel 13

Zu gesund und nicht geeignet

Als ich ungefähr ein Jahr in Malmö gewohnt hatte, bekam ich wieder Post von der Sozialversicherung. Aber diesmal ging es nicht um irgendwelche Autobeihilfen. In dem Kuvert lag ein hochamtliches Schreiben, mit dem man mir mitteilte, dass die Sozialversicherung meine Behindertenunterstützung eingestellt hatte. Die 8.000 Kronen, die ich jeden Monat bekam, würden mit Wirkung vom nächsten Monat auf 0 Kronen reduziert werden.

Ich war sprachlos.

Seit meinem Umzug hatte ich diese Behindertenunterstützung bekommen. Von diesem Geld lebte ich buchstäblich. Ich hatte natürlich versucht, mir eine Arbeit zu besorgen, aber der Erfolg war bis dahin mehr als mäßig gewesen. Ein Bewerbungsgespräch nach dem anderen hatte als tragikomisches absurdes Theater geendet, sodass ich schließlich meine Arbeitssuche auf Eis gelegt hatte.

Einmal hatte ich einen Bewerbungstermin in einer Firma gehabt, die Verkäufer suchte. Als der Mitarbeiter, den ich sprechen sollte, mich sah, ließ er mich gar nicht erst zur Tür hinein, sondern schickte mich gleich wieder fort. Tut uns leid, kein Interesse … Ich war so geknickt, dass ich vergaß, wo ich wohnte, und mich gründlich verirrte.

Ein anderes Mal, als ich mich um eine Stelle in einem Textilgeschäft bewarb, sagte man mir höflich, aber bestimmt, dass so einer wie ich nicht in diese Branche passte. „Das müssen Sie verstehen; die Leute kriegen glatt Angst vor Ihnen und gehen wieder, ohne was gekauft zu haben …"

Und dann diese elenden Bewerbungsbriefe. Was sollte ich den Personalchefs nur schreiben? Es war eine Frage, auf die es keine richtige Antwort zu geben schien. Wie ich es auch drehte und wendete, das Ergebnis war immer falsch. Wenn ich schrieb, dass ich Spastiker war, bekam ich keine Antwort. Erwähnte ich dagegen nicht, dass ich Spastiker war, konnte ich sicher sein, dass das Bewerbungsgespräch in einer, sagen wir, etwas gespannten Atmosphäre verlief …

Und jetzt saß ich also da mit dem Bescheid der Sozialversicherung und sah sie im Geiste wieder vor mir, die Parade all dieser elenden Vorstellungsgespräche, und spürte, wie die Hoffnungslosigkeit mich packen wollte. Was würde jetzt passieren? Wovon sollte ich leben? Müsste ich jetzt Sozialhilfe beantragen? Das war das Allerletzte, was ich wollte. Gut, meine Eltern waren natürlich immer noch da, ich konnte jederzeit zurück zu ihnen ziehen, aber es gefiel mir so gut hier in Malmö.

Als ich alle denkbaren Schreckensszenarien durchgegangen war und mir überlegt hatte, unter welchen Brücken man in Malmö übernachten konnte usw., las ich den Brief noch einmal – und sah in dem letzten Abschnitt etwas, das mir beim ersten Lesen nicht aufgefallen war. Da stand, dass ich keine Beihilfe vom Staat mehr bekommen konnte, weil die Sozialversicherung der Ansicht war, dass ich zu gesund für dergleichen Leistungen war.

ZU GESUND!

Ich las den Brief noch etliche Male, und jedes Mal, wenn ich an die Stelle mit dem „zu gesund" kam, wurde der Druck auf meiner Brust etwas weniger.

Jetzt begannen andere Erinnerungen sich zu melden. Szenen aus meiner Kindheit. Erinnerungen an meinen Rollstuhl, an die Betreuer in der Schule, an Hilfen und Krücken und Sonderanfertigungen ohne Ende.

Wenn mir damals jemand gesagt hätte, dass ich eines Tages einen Brief bekommen würde, in welchem man mich für „gesund" erklärte, ich wäre ihm mit dem nackten Hintern ins Gesicht gesprungen. Wie unverschämt, wie unbarmherzig ... Jeder konnte doch sehen, dass ich den Rollstuhl und meine Betreuer bis an mein Grab benötigen würde.

Und jetzt saß ich da, mit diesem Brief in der Hand, und genoss die neue Situation. Sie hatten mich für gesund erklärt, hier stand es, schwarz auf weiß! Dann würde sich das mit dem Geld auch regeln.

Ich lutschte das süße Karamellbonbon so lange ich konnte. Ich hatte es dem Leben gezeigt, jawohl! Gott sei Dank!

Die nächste Entdeckung war um so ernüchternder. Ich war also in einer Art Niemandsland gelandet. Der Staat fand, dass ich zu gesund war, um ein Anrecht auf finanzielle Unterstützung zu haben, während der Arbeitsmarkt mich umgekehrt für zu behindert befand, um einer normalen Arbeit nachzugehen.

Da saß ich nun, ohne Beihilfe und ohne Job. Was sollte ich machen?

Die Monate vergingen, und der unruhige Kloß in meiner Magengrube wurde immer größer.

Und dann, als ich eines Tages dasaß und vor mich hin träumte, hatte ich auf einmal eine Idee, die mich nicht mehr losließ. Ich konnte doch studieren und Lehrer werden.

Sogar ich musste lachen über diese Idee – nun ja, anfangs. Ich ein Lehrer? Es war ungefähr so komisch, wie wenn ein Mensch ohne Beine ein Sprinter werden wollte, oder ein Blinder Optiker.

Aber andererseits machte es irgendwo auch Sinn. Obwohl mir das Sprechen so schwerfällt, habe ich, so lange ich mich zurückerinnern kann, immer gerne gesprochen. Während meiner ganzen Kindheit hielt ich meinen Eltern mit schöner Regelmäßigkeit „Predigten", um meinen Kopf durchzusetzen. Zum Beispiel damals, als ich sie um ein Haar davon überzeugen konnte, dass es ein perfekter Tag für Liseberg war, obwohl es wie aus Eimern schüttete. Und auf den Klassenfesten in der Schule war oft ich es, der sich in irgendeine wilde Diskussion verwickelte und stundenlang erklären konnte, welche Golfschlägermarke die beste war.

Ob meine Kameraden mich akustisch verstanden, ist eine andere Frage.

Aber im Laufe der letzten Jahre war es besser mit meinem Sprechen geworden. Das fanden wir alle – ich, meine Eltern und meine Freunde. Inzwischen konnte jemand, der mir richtig gut zuhörte, sogar gewisse Konsonanten heraushören.

Und ich beschloss, mich an der Universität Malmö als Lehramtsstudent einzuschreiben.

Als ich mein Studium anfing, war ich voller Glück und Energie. Das hier war mein Ding! Lehrer war genau das Richtige für mich. Die Zukunft war mein, und sie war hell und klar.

Aber gleich in der ersten Woche bekam mein schöner Zukunftstraum seinen ersten Riss. Ich bekam eine Einladung zu einem Gespräch mit der Hochschulleitung; der Rektor wäre auch mit dabei.

Ich verstand nur „Bahnhof". Mehrere Tage lang grübelte ich darüber nach, was der Sinn dieser Einladung sein sollte.

Aber als ich dann der halben Dozentenschaft gegenübersaß und die mitfühlenden Blicke sah, begriff ich genau, woher der Wind wehte. Als Spastiker lernt man es bald, die Blicke seiner Mitmenschen zu lesen.

Es fing damit an, dass sie mir alle schön der Reihe nach sagten, wie toll und mutig es von mir war, dass ich mich für ein Lehramtsstudium entschieden hatte.

„Ja, das finde ich auch", sagte ich. *Ist das alles? Kann ich jetzt wieder gehen?*

Aber dann kamen sie zu dem, was sie eigentlich von mir wollten. Sie fragten mich, ob ich mir meinen Berufswunsch wirklich reiflich überlegt hatte.

„Der Lehrerberuf ist ja ein Beruf, in dem man vor allem reden muss", sagten sie mit großem Nachdruck.

Sie sagten auch, dass es ja noch viele andere Berufe gab, und fragten mich, ob ich mir nicht auch etwas anderes als

Lehrer vorstellen konnte. „Vielleicht würde etwas in der Computerbranche besser zu Ihnen passen …"

Als ich klipp und klar antwortete, dass ich nicht vorhatte, mein Lehrerstudium aufzugeben, legte sich eine schneidende Stille über die Runde. So hatten sie sich den Verlauf des Gespräches offenbar nicht vorgestellt.

Den Rest des Gespräches war ich mit meinen Gedanken woanders, und als es endlich vorbei war (nach einer Minute oder nach einer Stunde; das weiß ich nicht mehr), war das Endergebnis, dass ich hier mit einer, wie ich fand, recht traurigen Art, einen Menschen zu betrachten, konfrontiert worden war. Wenn diese Szene zehn Jahre früher stattgefunden hätte, als ich nur ein undefinierbares Nuscheln zuwege brachte, hätte ich die Dozenten und ihr Denken verstehen können, aber inzwischen, so fand ich, redete ich richtig gut. Und ich hatte ja auch noch das ganze Studium über Zeit, um mich weiter zu verbessern.

Den ganzen Herbst lang blies mir dieser kalte Gegenwind entgegen. Ich musste andauernd darum kämpfen, mein Studium fortsetzen zu können.

Gewöhnlich regt es mich nicht besonders auf, wenn die Menschen mich „anders" behandeln. Wie gesagt, ich bin das gewöhnt, und ich weiß, dass die Leute meistens nicht so gehässig sind, wie sie zuerst klingen.

Aber dieser Herbst wurde echt hart. Ich hatte das Gefühl, dem Monster „Diskriminierung" Auge in Auge gegenüberzustehen, und das saugte mir schier das Mark aus den Knochen. Ich verlor zum Beispiel meinen Praktikumsplatz, und wenn der Stundenplan sich veränderte, erfuhren das die anderen Studenten, aber nicht ich.

Just vor Weihnachten wurde der Druck noch stärker. Ich erhielt einen Brief von der Studienleitung, in welchem stand, dass ich den Herbstkurs leider nicht bestanden hatte. Der

Grund? Ich war nicht so gut im „Diskutieren" und „Vorbringen von Argumenten", wie man das von einem künftigen Lehrer erwarten konnte.

Ich war am Boden zerstört.

Als Erstes rief ich meine Mutter an und heulte mich am Telefon aus.

Dann rief ich mehrere Mitstudenten an, die mir alle rieten, die Hochschulleitung kurzerhand vor Gericht zu verklagen. Das machte ich dann doch nicht, obwohl ich einige Augenblicke lang große Lust dazu hatte.

Nach Weihnachten entspannte sich die Lage. Meine Mitstudenten solidarisierten sich mit mir, und die Dozenten begannen zu sehen, dass ich doch nicht so untauglich für den Lehrerberuf war, wie sie zuerst geglaubt hatten. Ich bekam alle Scheine, die ich brauchte, und die Dozenten baten mich um Entschuldigung für ihr vorschnelles erstes Urteil.

Aber ich hatte mittlerweile eingesehen, dass meine seelischen Kräfte begrenzt waren. Noch weitere vier Jahre, in denen jederzeit ein eisiger Gegenwind kommen konnte – nein, danke. Und ich brach mein Studium aus eigenem Entschluss ab.

Warum habe ich damals aufgegeben? Ging das nicht gegen meine ganze Lebensphilosophie?

Doch, aber in dieser speziellen Situation hatte ich den Eindruck, dass es das Richtige war, die Segel zu streichen.

Es war eine Situation, die mich zum Nachdenken darüber brachte, wofür es sich lohnt, zu kämpfen, und was einen nur unnötig Kräfte kostet. Was ich damals lernte, hat mir seitdem manchen unnötigen Kampf erspart. Ich habe gelernt, dass es Fälle gibt, in denen es nichts bringt, den Menschen mit langen Erklärungsversuchen zu kommen, Fälle, in denen es klüger ist, eine Niederlage zu akzeptieren, als trotzig auf seinem Recht zu bestehen. Der eine oder andere hält das vielleicht für defätistisch, aber ich glaube, zu einem gesunden Urteilsvermögen gehört es, dass ich in jeder Situation erkenne, wie ich meine Kräfte am besten einsetzen kann.

Apropos meine Lehrerkarriere: Inzwischen habe ich vier Semester Geschichte hinter mir und insgesamt das Äquivalent von elf Semestern Studium. Ich kann also bald mein Magisterexamen machen und mich dann um einen Doktorandenplatz bewerben. Auf diesem Umweg könnte ich dann immer noch Lehrer werden. Also: Eigentlich habe ich gar nichts aufgegeben ...

Kapitel 14

Wenn das Leben schlaucht

Was würdest du machen, wenn du nicht behindert wärst?"

Diese Frage höre ich manchmal.

Ich frage dann meistens zurück: „Was würdest *du* machen, wenn du behindert wärst?"

Worauf sich ein gutes Gespräch entspinnt – über das, was im Leben wirklich zählt.

„Was ist denn mit dir passiert?"

„Warum läufst du so komisch?"

„Guck mal, das ist'n Spastiker ..."

„Lach' nicht, der ist gelähmt! Armer Kerl. Ob der überhaupt 'ne Wohnung hat ..."

Solche Bemerkungen kriege ich regelmäßig zu hören. Plus alle möglichen weniger höflichen Formulierungen natürlich. Und das jeden Tag. Ich brauche bloß in dem Laden gegenüber Milch zu holen, und schon geht es los.

Und dann die Blicke. Es hagelt nur so Blicke, wo ich mich sehen lasse. Blicke, die mehr sagen als tausend Worte.

Aber das bin ich gewöhnt. Gewöhnt, dass die Leute mich für „verrückt" halten, obwohl ich doch genau weiß, dass ich ziemlich normal bin. Ich kann damit leben und die meisten Bemerkungen von mir abschütteln, vor allem die von Menschen, die ich gar nicht kenne. Ich halte mich an das, was meine Freunde sagen und von mir denken.

Dass ich einiges vertrage, liegt wohl mit daran, dass ich es gelernt habe, mich selbst so zu lieben, wie ich bin. Sonst wäre das Leben schier nicht auszuhalten. Es gibt schon genügend andere Menschen, die mich dauernd beurteilen, da brauche ich das nicht auch noch selbst zu machen, denke ich immer.

Und so investiere ich alle Kraft darin, mein eigener bester Freund zu sein. Ich übe mich ständig in der Kunst der Selbstmotivation, Selbstinspiration und Selbstaufmunterung. Und des Selbstvertrauens.

Aber manche Dinge sind leichter gesagt als getan, und die Wirklichkeit folgt nicht immer brav der Theorie, und auch daran habe ich mich gewöhnt.

Doch, manchmal passiert es auch mir, dass die spitzen Bemerkungen und groben Witze nicht einfach an mir vorbeifliegen, sondern mir auf die Pelle rücken. Sie fressen sich in mein Herz hinein, obwohl ich ihnen das doch streng verboten habe. Und so kann es geschehen, dass ich ganz niedergeschlagen werde von dem Gewitzele und Gekichere, auch wenn ich mir hundert Mal vorgenommen habe, genau das nicht zu tun.

Manchmal fange ich dann an zu träumen. Wie das wäre ohne meine Zerebralparese. Wie wäre das, wenn ich völlig normal laufen und reden könnte? Wenn ich einen Spaziergang durch die Stadt machen könnte, ohne dass irgendeine Teenagerclique anfängt, meinen Gang nachzuäffen? Oder wenn ich bei einer Tageszeitung anrufen und ein Abonnement bestellen könnte, ohne dass die Dame von der Kundenbetreuung glaubt, dass ich entweder sternhagelvoll oder kurz vor dem Erbrechen bin? Wie wäre das, wenn ich einem Fremden, mit dem ich zum ersten Mal rede, meinen Namen so deutlich sagen könnte, dass nicht der Rest des Gespräches peinlich wird, weil der andere partout nicht weiß, wer ich bin?

Ja, wie wäre das?

Aber ich habe mich auch daran gewöhnt, dass alles seine Zeit braucht.

Ich werde immer besser. Schrittchen für Schrittchen. Mein Sprechen verbessert sich, mein Gang wird immer normaler, mein Körper kann immer mehr Dinge tun. Gott sei Dank.

Aber es braucht alles Arbeit, Schweiß und Tränen. Und vor allem Mut! Ich muss es wagen, mich neuen Herausforderungen zu stellen, und wenn ich mir noch so klein und hässlich vorkomme. Ich bin sicher: Wenn ich nicht so beharrlich gewesen wäre beim Radfahrenlernen, trotz der vielen Ausflüge in den Straßengraben, ich hätte nie und nimmer ein paar Jahre später Mopedfahren gelernt. Und wenn ich nicht so stur meine Kommunikationshilfsmittel und meine Zeichensprache zurückgefahren und angefangen hätte, das Sprechen zu lernen, ich könnte heute noch nur unverständliche Laute von mir geben. Inzwischen kann ich immerhin schon ohne größere Schwierigkeiten meinen Vornamen, *Jonas*, sagen. Gut, das „J" muss ich noch etwas üben, bis es mir wirklich glatt über die Zunge geht.

Ja, ich habe mich an vieles gewöhnt. Außer an eines: an das Aufgeben. Ich hoffe sehr, dass ich mich *daran* nie gewöhnen werde!

Auch wenn ich versuche, meine Lebenssituation möglichst dankbar und positiv zu sehen: Es wäre falsch und ich würde mir (und den anderen) einen Bärendienst erweisen, wenn ich mein Dasein nur in goldenen Farben malen würde.

Und so will ich nicht verschweigen, dass mir manchmal Dinge passieren (wie während meines Lehramtsstudiums), wo ich den Eindruck habe, dass das Leben es nicht gut mit mir meint. Manchmal fühle ich mich, als ob eine ungute große Kraft meine Lebensflamme ersticken will, bis nur noch ein schwarzes Loch der Sinnlosigkeit übrig bleibt.

Dieses Gefühl ist, gelinde gesagt, stressig, und manchmal überfällt es mich just dann, wenn ich am wenigsten damit rechne. Es braucht gar nicht so eine dramatische Situation zu sein wie damals, als es um meinen Berufswunsch ging. Dieses Gefühl kann, mal stärker, mal schwächer, in allen möglichen Situationen und Umständen auftreten; mal ist es nach ein paar Minuten wieder weg, mal dauert es viel länger. Aber selbst wenn es nur ein paar Minuten dauert, bin ich anschließend an Leib und Seele fix und fertig.

Ich habe festgestellt, dass dieses Destruktive meistens dann zuschlägt, wenn ich anfange, mit mir selbst zu hadern und mir wild und aggressiv vorzuhalten, wie ungerecht es ist, dass ausgerechnet *ich* mich mit dieser blöden spastischen Behinderung herumschlagen muss. Worauf alsbald der Gedanke folgt, dass *alle anderen es so leicht im Leben haben* – und ein paar ähnliche Gedanken später habe ich mich, ohne es selbst recht zu merken, in meiner eigenen Grube eingegraben, die voll vom Lehm des Selbstmitleids ist und aus der ich nur unter großen Mühen wieder frei komme. Die Welt ist zu dem schwarzen Punkt meiner Verzweiflung zusammengeschrumpft, mein Elend füllt das ganze Universum.

Es gibt, wie gesagt, tausendundeine Ursachen für diese Kettenreaktion. Da haben mich ein paar Leute zu viel schief angesehen oder die Verkäuferin in dem Textilgeschäft hat mich ein bisschen sehr von oben herab behandelt. Oder der Bekannte meines Freundes hat mich, als ich ihn begrüßte, sofort in die enge „Spastiker-Schublade" gesteckt.

Ich habe auch festgestellt, dass diese Selbstmitleidstour viel leichter zuschlägt in Situationen, in denen meine Behinderung besonders sichtbar ist. Wenn Freunde von mir etwas vorhaben, bei dem ich nicht mitmachen kann – etwa Paddelboot oder Snowboard fahren –, scheint mein Spastikerlos auf einmal doppelt schwer zu werden.

Oder nehmen wir so etwas Banales wie die Kleideranprobe im Kaufhaus. Da wird meine Behinderung wie ein Zentnergewicht um meinen Hals, vor allem dann, wenn die Umkleidekabine keinen Stuhl hat. Ich vermisse dann immer ein Schild, das ich an den Vorhang hängen kann, auf dem steht, wann ich ungefähr fertig sein werde.

Alles Mögliche kann also so eine Krise auslösen, und dann bekommt der schwarze Virus freie Fahrt und überschwemmt meine Seele.

Aber ich habe auch entdeckt, dass das Entscheidende nicht ist, ob ich dieses Gefühl manchmal bekomme oder nicht, sondern ob ich ihm erlaube, sich in meinem Herzen festzusetzen und ein Eigenleben zu entwickeln. Sobald ich das nämlich tue, stehen alsbald alle möglichen Freunde dieses Gefühls vor der Tür und möchten es besuchen, und plötzlich bin ich mitten in einem unfreiwilligen Familienfest mit dem Herrn Depression, der Schwester Lebenskrise, dem Onkel Bitterkeit, der Kusine Selbstmitleid und dem Bruder Zynismus.

Was tue ich also, um solch einem unguten Kaffeeklatsch in meiner Seele vorzubeugen? Was unternehme ich, um meine Zuversicht zu behalten (außer dass ich mich von meiner Mutter trösten lasse natürlich)?

Das ist eine ziemlich persönliche Frage, die eine persönliche Antwort verdient. Es klingt vielleicht etwas altmodisch, aber ich bete. Zu Gott. Ich bitte ihn, mir zu helfen, die übersprudelnde Freude und den Lebenssinn im Innersten meines Herzens nicht zu verlieren und die schwarzen Gefühle, die mich bedrängen wollen, abzuwehren.

Manch einer mag hier erstaunt kommentieren, dass so jemand wie ich doch nicht der Richtige für den Glauben an einen Gott ist. Oder jedenfalls nicht an einen „guten" Gott, der nur das Beste für seine Menschen tut. Was soll das für ein Gott sein, der es zulässt, dass da jemand mit einer Behinderung geboren wird, die er sein Leben lang nicht mehr los wird? Welcher Gott kann solch eine ungerechte, ja sinnlose Krankheit zulassen?

Nein, ich habe keine Patentantworten auf solche Fragen bereit. Aber ich glaube an Gott, und ich tue das sogar immer mehr, denn oft merke ich richtig, dass er bei mir ist und mir den Lebensfunken und die Freude, die mich verlassen hatten, zurückgibt. Und die Selbstdistanz! Ohne eine gewisse Distanz zu sich selbst geht man nämlich unter als Spastiker.

Szenen aus dem Leben

Schach!

Wir sitzen am Meer und spielen Schach, als mein Kumpel sieht, wie ein älteres Paar daherkommt.

Er wird sofort eifrig. Ich sehe, wie er anfängt, dumme Gedanken zu bekommen … dieses verräterische Leuchten in seinen Augen!

„Nein", sage ich bestimmt.

Aber es ist bereits zu spät. Heute scheint er seinen gemeinen Tag zu haben.

Und er fängt an, mir Schachunterricht zu geben.

„Jonas, schau her, das hier ist ein Turm, mit dem kann man nicht schräg ziehen, sondern nur gerade … soo. Verstehst du, Jonas?"

Übertrieben langsam und mit gut verstellter, lauter Stimme spricht er mit mir, wie der Vater mit seinem dreijährigen Sohn. Mehrere Male erklärt er mir, dass das Spiel, das wir gerade spielen, *Schach* heißt.

Das ältere Paar bleibt in diskretem Abstand von uns stehen.

„Kann du das Wort sagen, Jonas? *Schach* … Ah, gut. Du spielst Schach, Jonas. Na ja, du versuchst es jedenfalls."

Mein Kumpel fährt fort und erklärt, dass auch der Läufer eine wichtige Spielfigur ist und dass es acht Bauern gibt.

„Kannst du das sagen, Jonas? *Acht Bauern.*"

Das ältere Paar geht vorsichtig weiter, nicht ohne uns einen herzlichen Blick zuzuwerfen. Ein Blick voller Mitleid für mich – und Bewunderung für meinen „Betreuer", der sich so rührend um mich kümmert.

„Wie schön", sagen sie, ohne die Lippen zu bewegen.

Mein Freund tut alles, um sie in ihrem Glauben zu bestärken. Er streicht mir über den Arm und fragt mich, ob ich Durst habe. „Möchtest du ein Bier, Jonas?"

Innerlich koche ich vor Wut. Was bildet der sich ein?

Als das Paar verschwunden ist, beginnt mein Kumpel lauthals zu lachen. Es hat ihm wirklich Spaß gemacht, den beiden vorzugaukeln, dass ich voll daneben bin.

Ich reiße mich zusammen und sage, dass heute ich dran bin mit dem Bierausgeben. Man darf sich ja nicht so tierisch ernst nehmen.

Schade, dass das ältere Paar nicht dabei war, als ich ihn mattsetzte!

Kapitel 15

Sie haben aber einen schönen Hund!

Es ist wohl nicht übertrieben, wenn ich feststelle, dass ich nicht ganz so spreche wie die anderen Menschen.

Jedes Wort, das ich sagen will, ist Schwerarbeit. Ich spanne mich an, atme aus, recke und strecke mich, um die nötige Kraft zu bekommen für dieses Unterfangen.

An manchen Tagen geht das relativ gut, an anderen umso schlechter. Es ist gerade so, als ob mein Körper morgens mit unterschiedlichen Programmierungen aufwacht, und wenn er falsch aufwacht, ist das Ergebnis schrecklich. Das ist dann so ähnlich, als ob ein Computer einen Virus hat, der alle Programme durcheinanderbringt.

Vor allem dann, wenn ich zum ersten Mal mit einem Menschen rede, führen meine Sprechprobleme zu gewissen Schwierigkeiten. Ein Beispiel: Wenn ich eine Pizza bestelle, sage ich immer, dass ich eine „Hawaii ohne Ananas" möchte, und nicht: eine „Vesuvio". Eine Pizza Vesuvio ist nichts anderes als eine Pizza Hawaii ohne Ananas, aber „Hawaii" kann ich viel leichter aussprechen. Unter Umständen haben dann aber weder der Pizzabäcker noch ich besonders Lust, das Gespräch zu vertiefen.

Vergangene Woche fragte ich an der Bushaltestelle eine ältere Dame, wie spät es war. Die Antwort war ein freundliches Nicken. Ich wiederholte meine Frage nicht. Warum sollte ich die schöne neue Beziehung gleich wieder kaputt machen?

Was als leise Verwunderung begann, ist heute zu einer zentralen Lebensfrage für mich geworden: Warum bloß heiße ich *Jonas*? Es gibt doch noch so viele andere Namen!

Sie finden das läppisch? Ich nicht, denn für mich ist es Schwerarbeit, das „J" auszusprechen. Ich muss mich furchtbar anstrengen, um die Zunge genau an die richtige Stelle im Mund zu bringen – sonst wird meine Aussprache sehr feucht. Fast immer klingt das, was schließlich herauskommt, so: „Jjjjjjoooojjjjjjjjooonas". Ein junger Mann brauchte eine Viertelstunde, bis er mich verstanden hatte. Er glaubte, dass ich alles Mögliche hieß, von Torbjörn bis Ragnar!

Wer mich aus irgendeinem Grunde nicht schon an meinem Gang als Spastiker erkennt, tut dies spätestens dann, wenn ich mich vorstelle. Viele begreifen noch nicht einmal, dass ich versuche, meinen Namen zu sagen. Sie glauben, dass ich etwas im Hals habe oder versuche, möglichst lange die Luft anzuhalten oder so.

„Aha, du hast Asthma und Halsweh, und steif im Rücken bist du auch."

Einmal zog mein Gegenüber glatt sein Mobiltelefon heraus und fragte, ob er den Notarzt rufen sollte.

Ich staunte. Und prustete noch mehr Speichel heraus.

Als ich noch jünger war, waren meine Spasmen schlimmer – so schlimm, dass ich ernsthaft daran dachte, meinen Vornamen zu ändern.

Statt *Jonas* wollte ich *Mats* heißen!

Überlegen Sie selbst, wie wunderbar es ist, Mats zu heißen.

Wie leicht man das aussprechen kann! Die Buchstaben flie-
ßen wie von selbst aus dem Mund. Und was das Allerbeste
ist: kein einziges dummes „J"!

Aber bei näherem Überlegen bin ich darauf gekommen,
dass das mit der Namensänderung doch keine so gute Idee
wäre. Früher oder später würden die Leute sich ja ihre Gedanken machen und mit neugierigen Fragen kommen, warum ich meinen Vornamen geändert habe. Wenn ich dann
antworten würde, dass mein früherer Vorname zu schwer
zum Aussprechen war, würden sie als Nächstes natürlich wissen wollen, wie dieser Name lautete – und schon hätte ich
mein altes Problem wieder, komplett mit J-Trommelfeuer und
Munddusche!

Nein, ich muss mich wohl damit abfinden, dass ich
Jjjjjjoooojjjjjjjooonas heiße. Und dann, wenn ich mich vorgestellt habe, versuchen, den Leuten zu erklären, dass ich nicht
ganz so spastisch bin, wie es auf den ersten Blick scheint.

Eines Tages, als mir mein „J-Problem" besonders auf den
Nerv ging, beschloss ich, etwas für die leichtere Kontakt-
aufnahme mit neuen Bekannten zu tun, und ging zu einer
Logopädin, um systematisch das Sprechen zu trainieren. Das
half – nun ja, etwas.

Aber die Logopädin wollte mir auch zeigen, was für tech-
nische Hilfen es gab, damit die Menschen mich leichter verstehen konnten. Und so schlug sie eines Tages vor, einmal
nicht die üblichen Atem- und Lippenübungen zu machen und
stundenlang „backen", „Boje", „Bad", „Bock" und „bitte"
zu sagen, sondern nach Lund zu fahren, um zu sehen, welche
Hilfsmittel es für Leute wie mich gab.

Mir fuhr der Schreck in die Knochen, als ich das Wort
„Hilfsmittel" hörte. Ich musste gleich an meine trauma-
tischen Erlebnisse mit der BLISS-Karte denken. Aber ich war

tapfer und sagte, jawohl, ich würde gerne mit ihr gemeinsam nach Lund fahren.

Das spannendste Hilfsmittel war „der sprechende Computer". Er sah so ähnlich wie ein klein geratener Laptop aus, war aber erstaunlich schwer. Die Dame, die mir das Gerät vorführte, erklärte, dass man es, wenn man wollte, an einem Riemen um den Hals tragen konnte.

Das klang nicht schlecht. Ich trug zwar schon meinen Rucksack, aber das machte nichts. Noch ein paar Besuche im Fitnesscenter, und das Gewicht des sprechenden Computers wäre kein Problem.

Die Dame begann, mir die Funktionsweise des Sprachcomputers zu erklären. Sie holte mehrere Bildsymbole auf den Bildschirm, die für verschiedene Themenbereiche standen, zum Beispiel „Politik", „Haustiere" oder „Schwedens Natur". Wenn sie auf eines der Symbole klickte, erschien eine lange Liste von Wörtern und Redewendungen auf dem Bildschirm, die mit dem gewählten Thema zu tun hatten.

„Das geht ganz einfach", sagte sie. „Nehmen wir an, Sie gehen durch die Stadt und wollen jemandem sagen: ‚Sie haben aber einen schönen Hund.' Da drücken Sie einfach das Symbol für ‚Haustiere' – das heißt, in diesem Fall finden Sie auch etwas unter ‚Komplimente' –, und schon haben Sie jede Menge Sätze zur Auswahl. Als Nächstes klicken Sie auf den Satz, den Sie am passendsten für Ihre Zwecke finden, und schwupps, fängt der Computer an zu sprechen!"

Ich fand das alles schön und gut. Ich begriff, wie das Ding funktionierte und wozu es gut sein sollte. Und für viele Menschen war dieser Computer sicher eine große Hilfe – nur nicht für mich. Es blieb für mich dabei: Ich hatte alle meine Hilfsmittel abgeschafft und war nicht erpicht darauf, mir irgendwelche neuen aufzuhalsen.

Und jetzt musste mein Pokergesicht sich so bewähren wie noch nie zuvor. Ich musste den Satz auswählen ‚Sie haben aber einen schönen Hund‘ und auf ‚Reden‘ drücken.

Und der Computer redete – und zwar mit einer Stimme, die wie die eines Sechzigjährigen klang. Einen Örebro-Akzent hatte er auch. Es klang geradeso wie in einer bekannten Unterhaltungssendung im Fernsehen. Ich verstand kein Wort.

Dafür stellte ich mir sofort vor, in was für traumatische Situationen ich kommen konnte, wenn ich mir diesen sprechenden Computer aufschwätzen ließ. Ich musste mich richtig in den Arm kneifen, um nicht wiehernd zu lachen. Ich dachte an die armen Hunde, die vor Schreck das Weite suchen würden, wenn sie diese metallische Örebro-Stimme hörten. Und an die Mädchen, denen ich mit meiner neuen Rentnerstimme ein Kompliment machen wollte. „Hallo, Süße, was hast du heute Abend vor? – Was für zwei schöne Möpse – ’tschuldigung, das war gerade der Haustierknopf …“

Nein, ich habe ihn nicht angeschafft, den sprechenden Computer.

Aber ich wollte mich doch so gerne besser verständlich machen können!

Eines Tages gab mir ein Freund einen Tipp. Er hatte irgendwo in der Zeitung gelesen, dass man sein Sprechvermögen dadurch schulen konnte, dass man Schrei-Übungen machte.

Das klingt ja einfach, dachte ich. Und ich ging sofort daran, es auszuprobieren.

Gleich am folgenden Tag fuhr ich mit dem Bus zu einem Naturschutzgebiet. Ich ging in ein mir geeignet erscheinendes Waldstück, so weit weg von der Zivilisation, wie ich konnte, und fing an, wie ein Irrer zu schreien.

In dem Zeitungsartikel hatte auch gestanden, dass man

nicht einfach so schreien, sondern richtige Wörter dabei bilden sollte.

Ich gehorchte:

„ROTE WURST – ROOOTEE WUURST MIIIT SEEE-ENF!"

Ich musste eine Pause machen. Meine Stimmbänder knackten.

Ich holte Luft und fing wieder an:

„ROOOLLAAAAATOOOR …, ROOOOLLAAAAA-TOOOOOOR …"

Jetzt nehme ich was Längeres, dachte ich, *das geht ja wie geschmiert.*

Und mit allem, was ich hatte, schrie ich:

„DEER SUUUPERMAAAARKT IIIST GEE-ÖÖÖFFNEET! KOOOOMT UUND KAAAAUFT BIIIILLIIIGES BIIIER! BIIIIILLLLIIIIGEES BIIIIER!!!!!"

So hatte ich im ganzen Leben noch nie geschrien. Mein Gesicht muss violett ausgesehen haben.

Als ich meinen schönen langen Satz gerade fertig hatte, sah ich, dass eine ältere Frau in meine Richtung kam. Sie führte ihren Hund aus.

Oh, oh.

Was mach' ich jetzt?!

Ich sah, wie das Gesicht der Frau vor Angst erstarrte. Eine Zehntelsekunde später war sie hinter einem Baum verschwunden.

Dort blieb sie reglos stehen. Lange. Man hörte keinen Mucks von dem Baum.

Auch ich stand still da und wusste nicht, was ich machen sollte. Sollte ich jetzt lachen? Oder weinen? Oder wieder schreien?

Die Frau hinter dem Baum war totenstill. Vielleicht betete sie zu Jesus oder wem auch immer, dass er sie vor diesem

Verrückten retten möge, der da aus dem Irrenhaus entsprungen war.

Ich betete um die Gabe der Telepathie. Es war eine Situation von der Art, die man nicht retten kann. Ich hätte der Dame stundenlang erklären können, was ich da machte und dass ich mit meinem Schreien ein seriöses Ziel verfolgte – es hätte wohl nichts genützt. In ihrem Kopf war ich in der Schublade gelandet: „Gefährlich! Am besten einen weiten Bogen um diesen Menschen machen!"

Irgendwann fasste die Dame sich ein Herz, trat aus ihrem Versteck zurück auf den Weg und ging an mir vorbei. Ich versuchte, so normal auszusehen wie möglich, aber sie schaute nur stumm zu Boden, und ihr Hund ebenso.

Szenen aus dem Leben

Der Psychologe

Es geht mir gerade nicht so gut, Jonas."

„Aha. Okay, wo drückt der Schuh?"

„Ach, das ist … Ich bin halt richtig down. Das geht jetzt schon 'ne ganze Zeit, mir wird alles zu viel. Hab keine Lust mehr, zur Arbeit zu gehen, in der Freizeit fühl' ich mich richtig überflüssig, und die Zukunft ist wie so 'ne graue Wand …"

Ich höre zu, versuche zu verstehen.

Als mein Freund sich den größten Frust von der Seele geredet hat, schaut er mich an und stellt mir eine Frage, die mich völlig überrascht.

„Wie schaffst du das eigentlich?"

Bevor ich etwas sagen kann, fährt er fort: „Ja, wie schaffst du das? Du bist immer so fröhlich. Du bist so aktiv, du scheinst das Leben zu mögen, obwohl du Spastiker bist und das alles. Was ist das bloß, das dir diese Kraft gibt?"

Ich werde verlegen. Ich mag es überhaupt nicht, wenn man mich als eine Art Supermann darstellt. Ich kenne mich gut und weiß, dass ich das noch nicht einmal um drei Ecken herum bin. Genau wie alle anderen Menschen habe auch ich solche Tage, an denen mir das Leben zu viel wird.

Aber ich möchte diesem Freund helfen.

Wir sitzen lange zusammen und unterhalten uns. Über das Leben, seine Höhen und Tiefen. Über Siege und Niederlagen, Glück und Schmerz. Ich erzähle, wie mein Leben verlaufen ist, wie ich einen Kampf nach dem anderen mit all den negativen Gefühlen gehabt habe. Ich berichte, wie ich immer versucht habe, das Beste aus meinen Erlebnissen zu machen, sie zu einem Kapital auf dem Konto meines Lebens zu machen, das mir gute Zinsen der Freude und des Nutzens bringt.

Ich erzähle auch, was für Dummheiten ich gemacht habe. Ich erzähle von lebensgefährlichen Touren mit dem Moped, von der fünf Meter hohen Hütte in unserem Garten, die mich leicht zurück in den Rollstuhl hätte werfen können, von meinem „kantigen" Fahrstil, wenn ich am Steuer meines Auto sitze. Ich erzähle auch die Anekdote mit der Verkäuferin im Supermarkt, die mir statt des Ketchupregals die Toilette zeigte, und das Abenteuer in dem Steinbruch bei Dalby, als ich just in dem Augenblick, als ich dreieinhalb Meter tief ins Wasser springen wollte, ausrutschte.

Es liegt etwas Befreiendes in der Selbstdistanz. Und der Steinbruch bei Dalby ist mir geradezu zu einem Symbol meines Gottvertrauens geworden: Wir machen unsere „Fehltritte", aber da ist jemand, der will, dass wir doch noch etwas älter werden als 27.

Wir lachen. Wir weinen. Der Funke des Lebens klopft wieder an die Tür des Herzens meines Freundes.

Plötzlich fängt er an zu strahlen, und dann sagt er etwas, von dem ich noch lange zehren werde: „Jonas, ich will, dass du mein Psychologe wirst … auch wenn du Spastiker bist!"

Kapitel 16

Mein Alltag

Mein Alltag ist vielleicht nicht ganz so alltäglich, wie ich das gerne hätte. So etwas Einfaches wie das Ausleihen eines Videofilms kann ein einziges großes Missverständnis-Sammelsurium werden, das einem ordentlich auf die Nerven geht.

„Nein, 78, nicht 48 in der Kundennummer! Seh' ich so aus, als ob ich schon sechzig bin?"

Auf der 18. Minigolfbahn geht der Ball beim ersten Schlag ins Loch.

„Mann!", sagt mein Freund. „Ich glaub', wir haben für heute den Rekord aufgestellt. Auf dem Schild an der Kasse stand als Vorgabe 42 Schläge, und wenn ich richtig gerechnet hab, sind das hier 41."

Wir gehen an die Kasse und sagen munter, dass sie das Schild ändern müssen.

Der Mann im Kiosk lächelt und gratuliert meinem Freund zu dem super Ergebnis.

Mein Freund lächelt zurück, zeigt auf mich und erklärt, dass er bitte dem Richtigen gratulieren muss.

„Was für ein Hilfsmittel ist das hier?"
    „Hilfsmittel? Das ist meine Espressomaschine!"
    „Ach, so, ja ... Hat dein Betreuer heute frei?"
    „Ich hab keinen Betreuer."

„Das macht 60 Kronen für Sie, der junge Mann darf gratis rein ..."
    Später, als wir noch etwas im Café des Hallenbads sitzen, gebe ich meinem Kumpel ein Eis aus. Ich habe ja 60 Kronen gespart.

Szenen wie diese mögen dem geneigten Leser zeigen, dass die Erwartungen, mit denen die Menschen mir begegnen, nicht immer himmelhoch sind. Oft, wenn ich im Hallenbadcafé sitze, komme ich richtig ins Grübeln: Was ist da eigentlich passiert? Haben die im Ernst gedacht, dass mein Freund mein Betreuer ist? Wirke ich wirklich *so* behindert?

Manchmal kann das Wissen darum, was die Menschen so über mich denken, recht anstrengend sein.
    Aber letztlich sind es nicht „die anderen", die darüber entscheiden, ob ich mich meines Lebens freuen kann oder nicht. Das Wichtigste ist immer noch, wie ich selbst mich sehe – ob ich mich selbst mag oder nicht. Und wie Gott mich sieht.
    Wie ich mir öfter ganz bewusst in Erinnerung rufe: Das Einzige, was mein Leben wirklich klein und bitter machen kann, ist – Jonas.
    Aber bei einer Sache muss ich mich immer wieder in Gelassenheit üben, und das ist die Art und Weise, wie Fremde mit mir *reden*. Mit das Unangenehmste, ja Demütigendste,

121

was ein Spastiker erleben kann, ist das, was ich das „Baby-stimmensyndrom" nenne.

Ich schätze, dass viele Leute mit Handicap sich hier wiederfinden. Ich erlebe es regelmäßig, wie die Menschen, die mit mir reden, plötzlich eine ganz andere Stimme bekommen – die Stimme, mit der eine Oma mit ihrem etwas zurückgebliebenen zweijährigen Enkelkind redet.

Das ist so, als ob man auf einmal wieder ein Kleinkind ist. Es ist furchtbar.

Warum machen die das? Ja, warum?

Meine Theorie ist, dass viele der Zeitgenossen, die mich das erste Mal sehen, mich nicht nur für körperlich, sondern auch für geistig behindert halten. Schwer behindert sogar. Um ganz sicher zu gehen, dass ich verstehe, was sie sagen, machen sie ihre Stimme betont langsam und eine Spur höher als sonst, eben so ähnlich als ob sie mit einem Kleinkind reden: „Haaloo. Wie geht ees diir heeute, Joonaas?"

Manchmal antworte ich im gleichen Tonfall, was zu lustigen Situationen führen kann. „Daaanke, miir geeeht ees guut. Uund diiir?"

Das Scheußliche bei dem Babystimmensyndrom ist, dass man nie im Voraus weiß, ob und wann es das nächste Mal zuschlagen wird. Man kann nie sicher sein. Jeden Menschen kann es urplötzlich „befallen". Man denkt an nichts Böses, und – schwupps! – attackiert es auf einmal das Trommelfell.

Das letzte Mal passierte es mir, wenn ich mich recht erinnere, als eine ältere Dame mir im Bus großzügig ihren Sitzplatz anbot. Ich konnte ihr nicht wirklich böse sein, sie meinte es ja echt gut.

Vor Kurzem erwischte die Babystimmenkrankheit einen meiner neuen Mitstudenten auf der Universität. Nett und geduldig erklärte er mir, wie es sich mit der Geschichte Deutschlands verhielt. „Weißt du, es gab einmal zweiii Deutschland – Weeestdeutschland und Ooostdeutschland!"

Und auch mein Nebenmann in der Umkleide im Fitnesscenter bedient sich der Babystimme, wenn er mir angestrengt jovial versichert, dass sooo ein Träääääning guut für aallle ist, auch für Spastiker ...

Aber der Ort, wo ich das Babystimmensyndrom am häufigsten erlebt habe, ist das Arbeitsamt.

„Sie sind also arbeitslos ..."

Eine Pause. Mein Gegenüber lächelt gekürstelt.

„Ich bin Ihr Sachbearbeiter, Herr Helgesson." (Und ich werde Sie wie einen Dreijährigen behandeln.) „Können Sie bitte Ihren Namen auf dieses Formular hier schreiben ... Können Sie selbst schreiben, oder soll ich Ihnen helfen ... Ach, Sie machen das ja richtig gut ..."

Nachdem wir uns ein paar Minuten über Gott und die Welt unterhalten haben, endet das ungeheuer aufbauende Gespräch einmal so:

„Herr Helgesson, ich glaube, wir machen das am besten so, dass wir Ihnen einen Termin bei unserem Psychologen besorgen ... Er ist echt gut ... und kann Ihnen bestimmt helfen ... Möchten Sie das?"

Es tut mir heute noch leid, dass ich nicht zu diesem Psychologen ging und ihm eröffnete, dass ich der Halbbruder von Elvis Presley bin und am liebsten ungarische Leberwurst esse. Oder vielleicht hätte ich einen Blumenstrauß mitbringen und anfangen sollen, „Sie liebt mich, sie liebt mich nicht" zu spielen.

Aber manchmal bin ich wohl selbst daran schuld, wenn die Leute das Babystimmensyndrom bekommen.

Einmal passierte es mir beim Internetbanking, dass ich meine Stromrechnung bei dem Energieunternehmen „Sydkraft" bezahlen wollte und das Geld aus Versehen an die Zeitung „Sydsvenskan" überwies.

Als ich die „Sydsvenskan" anrief, um den Irrtum aufzuklären, wurde mir bald klar, was jetzt passieren würde. Dass das hier eines jener Telefonate werden würde, die man auf einer Einladung zum Besten gibt, wenn man etwas braucht, um die Stimmung anzukurbeln.

Die Dame, die meinen Anruf entgegennahm, verstand rein gar nichts. Wahrscheinlich glaubte sie entweder, dass ich nicht zurechnungsfähig war oder dass mein Darm so verstopft war, dass ich die Zunge nicht mehr frei bewegen konnte.

Es dauerte eine ganze Weile, bis ihr überhaupt dämmerte, dass ich etwas von ihr wollte. Zum Schluss sagte Sie: „Sie möchten also ein Jahresabonnement, ist das richtig?"

Aber dass die Leute mich für geistesgestört halten, kann ich auch ausnutzen, habe ich herausgefunden. Nicht, dass ich das je wirklich machen würde ...

Halt, warten Sie, ich glaube, einmal habe ich es doch gemacht. Das war, als ich kein Geld mehr für die Busfahrkarte hatte und es mir zu viel wurde, zu einem Bankautomaten zu gehen und dann auf den nächsten Bus zu warten. Aber der Reihe nach ...

Ich steige in den Bus und tue so, als ob ich ein Extrem-Spastiker bin. Viel extremer als ich es in Wirklichkeit bin.

Ich nuschele etwas in meinen nicht vorhandenen Bart und bewege meinen Körper so unbeholfen, wie es geht.

Ich hebe die Füße kniehoch, so, als ob ich einen Schimpansen nachahmen will.

Der Busfahrer strahlt Freundlichkeit und Menschenliebe aus. Ich merke instinktiv, dass er großes Mitleid mit mir verspürt. Er winkt mich freundlich in den Bus und bedeutet mir mit ausholenden Gesten, dass ich auf dem vordersten Sitz Platz nehmen soll.

Aber ich möchte ja ehrlich wirken, und so verstelle ich meine Stimme und nuschele: „Be… bezz… bezaaahlen …"

Während ich das Wort hervorstottere, schlage ich mir mit der rechten Hand mehrere Male heftig auf die Brust. Als i-Tüpfelchen sabbere ich auf meine Jacke.

„Ist schon gut, setzen Sie sich nur", sagt der freundliche Busfahrer.

Es scheint ihm gutzutun, in dem voll besetzten Bus ein Herz für so einen armen Kerl zu haben.

Als ich dann auf dem Platz neben dem Fahrer sitze, bin ich zuerst stolz auf mein Theaterspiel. Dass es so gut klappen würde, hätte ich nicht gedacht.

Aber dann, als ich etwas genauer nachdenke, packt mich eine tiefe Scham. *Was habe ich da gerade gemacht? Meine Behinderung für einen dummen Busfahrschein ausgespielt! Und mich mit meinem übertriebenen Gehabe über andere Behinderte lustig gemacht. Es gibt ja welche, denen es wirklich so geht wie ich das gerade vorgespielt habe. Pfui, Jonas!*

Ich versinke so tief in meinem schlechten Gewissen, dass ich etwas sehr Wichtiges vergesse: beim Aussteigen bitte sehr das gleiche Theater zu spielen wie beim Einsteigen. Besonders jetzt, wo ich gleich neben dem Fahrer sitze. Bestimmt hat er die ganze Fahrt lang darüber nachgegrübelt, wie schwer es sein muss, mit einem Körper zu leben, der ständig so verrückt spielt.

Aber ich steige ganz normal aus. Ganz ruhig, so, als ob diese zwanzigminütige Busfahrt meine Zuckungen mehr als halbiert hätte.

Ich winke dem Fahrer zum Abschied zu. Der schaut mich ganz komisch an.

Und plötzlich merke ich, was ich da gemacht habe. Mein Gewissen schlägt noch heftiger, meine Gedanken kreisen noch angestrengter. Unter anderem darum, wie ich es fertigbringe, diesem Fahrer nicht mehr zu begegnen.

Szenen aus dem Leben

Am Telefon

Willkommen bei der automatischen Fahrplanauskunft der Schwedischen Eisenbahn! Bitte nennen Sie Ihren gewünschten Abfahrtsort.“
„Malmö.“
„Der von Ihnen genannte Ort existiert leider nicht …“
„Maaalmöööö!“
„Der von Ihnen genannte Ort existiert leider nicht. Versuchen Sie es noch einmal.“
„Maaaaalmööööö! Jetzt kapieren Sie doch – ich will von Malmö abfahren!!“
„Wann möchten Sie von Motala abfahren?“

„Willkommen bei der automatischen Telefonvermittlung des Arbeitsamtes! Nennen Sie den Namen des Sachbearbeiters, den Sie zu sprechen wünschen, oder sagen Sie ‚Zentrale‘, dann werden Sie zu unserer Zentrale durchgestellt.“
„Zentrale.“
„Entschuldigung, ich konnte den Namen nicht verstehen.“
„Zentrale!“
„Entschuldigung, ich konnte den Namen nicht verstehen.“

„Zeentraaale! Sind Sie taub, oder …"

„Sie werden mit Bruno Svensson verbunden. Bitte haben Sie einen Augenblick Geduld."

Ring … ring …

„Hier Jonas Helgesson."

„Äh … ja … Entschuldigung, da muss ich mich verwählt haben, ich wollte eigentlich Jonas Helgesson anrufen."

Kapitel 17

Die beiden Jonasse

Ich habe etwas festgestellt: Eigentlich bin ich zwei Personen. Der eine Jonas Helgesson ist ein Schwerbehinderter, und der andere ist der, der ich wirklich bin, der Mensch, der dem Bild entspricht, das ich von mir selbst habe – ein ganz normaler Typ, der halt gewisse Probleme mit seinem Körper hat.

Und diese beiden Personen machen sich die ganze Zeit bemerkbar.

Eines Tages, als ich wieder einmal durch die Stadt gehe, packt mich die Großzügigkeit. Ich werde etwas für das Rote Kreuz spenden!

Aber als ich versuche, dieses großmütige Projekt in die Tat umzusetzen, ergeben sich gewisse Probleme.

Ich stelle mich direkt neben den Mann mit der Rot-Kreuz-Jacke. Umsonst, er beachtet mich nicht. Ich gehe um ihn herum, einmal, zweimal. Er zeigt nicht das mindeste Interesse, mich auf seine Liste zu bekommen.

Na gut, denke ich. *Man soll niemanden zu seinem Glück zwingen.*

Und ich gehe weiter. Aber ein bisschen traurig fühle ich mich doch.

Da treffe ich einen Bekannten, der mich fragt, ob ich Zeit habe, ihm beim Ausfüllen eines Antrags auf Gründung eines eigenen Unternehmens zu helfen.

Eine andere Szene: Zu Beginn des neuen Seminars werden wir nach dem Zufallsprinzip in Gruppen eingeteilt. Ich lande bei lauter Studenten, mit denen ich noch nie ein Wort gesprochen habe.

Wir bekommen unsere Aufgabe: Wir sollen uns über die Entstehung Europas austauschen. Auf Englisch.

Und ich habe mich nicht vorbereitet. Ich sitze stumm da … fünf Minuten lang … zehn Minuten.

Mein Frust darüber, dass die anderen mich für einen halben Idioten oder was auch immer zu halten scheinen, wird schließlich so groß, dass ich anfange, irgendetwas über verschiedene politische Beziehungen zwischen West- und Osteuropa von mir zu geben, die die Integration Europas gefördert haben könnten … bla, bla …

Ich weiß, dass das nicht viel Hand und Fuß hat, aber ich kann doch nicht die ganze Zeit hier herumsitzen und den Idioten machen!

Nach meinem Beitrag verliere ich den Faden vollends. Wenn ich mir zwei Tassen Kaffee über den Leib gießen oder sagen würde, dass ich Peter Pan heiße und mit Vorliebe grüne Hüte trage, es würde das Bild, das diese Leute von mir haben, keinen Deut verändern.

Sogar meine Freude kann dazu führen, dass meine Mitmenschen die Fassung verlieren. Manchmal habe ich echt den Eindruck, dass das Lachen nicht in Schweden erfunden worden ist. Wer an der falschen Stelle die Lachmuskeln auch nur ein klein wenig zu sehr reizt, der wird gleich schief angeguckt. Hier ein Tipp: Behinderte tun gut daran, ein Postamt nicht singend zu betreten.

Nichtbehinderte wahrscheinlich ebenso.

Vergangene Woche passierte es mir, dass ich in der Schlange vor dem Postschalter stand und richtig aufgeräumt aussah und einen neuen Schlager vor mich hin summte. Ich sage nur ein Wort: Katastrophe. Die Leute schauten mich an, als sähen sie ein Gespenst. Dabei hatten sie nur einen Menschen mit Handicap gesehen, der sich seines Lebens freute ...

Ich komme mir manchmal richtig schizophren vor. Ich bin die ganze Zeit derselbe Jonas, aber was die anderen über mich denken, variiert über ein breites Spektrum.

Nein, ich will nicht auf meine Mitmenschen schimpfen. Das kann ich nicht machen. Es ist ja klar, dass sie sich ihre Gedanken darüber machen, was mit mir los ist; das ist irgendwo ganz natürlich und normal. Der Mensch ist nun mal ein neugieriges Tier. Ich schaue ja auch zwei Mal hin bei manchen anderen Leuten, die behindert sind: „Warum zieht der da immer das eine Bein so komisch nach ..."

Es sind übrigens nicht immer nur Menschen, denen ich merkwürdig vorkomme. Bei manchen Hunden ist es genauso. Da gehe ich in ein Lebensmittelgeschäft und höre, wie hinter mir ein Hund wütend bellt. Ich drehe mich um, und das Tier sieht mich aus großen, bösen Augen an und fängt an zu knurren und kann sich nicht beruhigen. Es muss mich wohl für den Teufel halten, und wenn ich ihm zu sagen versuche, dass ich nicht böse bin, sondern nur ein Spastiker, hört es mir nicht zu, sondern will mich am liebsten zerfleischen.

Klar, dass es den Menschen leichter fällt, zu glauben, dass ich einen Betreuer habe und zu komisch im Kopf bin, um selbstständig durchs Leben gehen zu können, als zu glauben, dass ich ein ganz normales Leben führe. Sie schieben mich automatisch in die Schublade der Sonderbehandlung und Hilfsbedürftigkeit. Wenn ich mit jemandem rede, den ich noch nie zuvor getroffen habe, spare ich es mir manchmal, ihm zu erklären, was für eine Behinderung ich habe (das sieht er ja wohl selbst), und stürze mich stattdessen ohne Umschweife in eines meiner Lieblingsthemen (zum Beispiel Golf). Manchmal ist der andere dann so verdutzt, dass er nicht weiß, was er sagen soll – aber sein Gesicht spricht Bände. Viele scheinen glatt zu erwarten, dass ich als Erstes meine Behinderung zu „präsentieren" habe, bevor ich mich anderen Dingen zuwende.

„Hallo, ich heiße Jonas und bin, wie Sie ganz richtig gesehen haben, Spastiker ... Schönes Wetter heute, nicht wahr?"

Ich finde es eigentlich gar nicht merkwürdig, dass ich so oft mit dem Thema „Golf" anfange. Das Golfspielen ist mir eben wichtiger als meine Behinderung.

Ja, ich mache es meinen Mitmenschen nicht immer leicht. Ich bin eben immer für eine Überraschung gut. Ich liebe es, die Bäume der Vorurteile gleich sofort zu fällen, bevor sie zu hoch wachsen können. Die Menschen aus der Fassung zu bringen, ist so etwas wie ein Hobby für mich geworden.

Es gibt Dinge, die die Leute mir nicht zutrauen, und es gibt Dinge, die sie mir absolut nicht zutrauen. Zwei Beispiele: dass ich eine One-Man-Show oder Stand-up-Comedy hinlegen kann und dass ich verlobt bin.

Dass ich das mit der Stand-up-Comedy anfing, war eher ein Zufall. Als ich eines Tages durch das Internet surfte, kam ich auf eine Seite, wo etwas über einen Stand-up-Comedian-Wettbewerb für Anfänger in Stockholm stand. Das interessierte mich sofort, ich nahm Kontakt mit dem Veranstalter auf und erkundigte mich, wie die ganze Sache ablief. Aha, die Teilnehmer hatten drei Minuten lang vorne auf der Bühne zu stehen und das Publikum so viel zum Lachen zu bringen wie möglich. Bevor ich auf diese Internetseite stieß, hatte ich mich wieder einmal nach einer neuen Herausforderung im Leben gesehnt – nach etwas Neuem, das meinen Adrenalinspiegel in Bewegung bringen würde. Jetzt war die Sache klar. Der nächste Gipfel, den ich stürmen würde, hieß Stand-up-Comedy!

Mir fehlen die Worte, um zu beschreiben, wie nervös ich war, als ich die Sekunden bis zu meinem großen Auftritt zählte.

Dann hörte ich, wie jemand sagte: „Und jetzt ein schöner großer Applaus für Jonas Helgesson ..." Ich wollte am liebsten in Ohnmacht fallen, aber ich musste wohl mein Lampenfieber hinunterschlucken und mich in das blendende Rampenlicht der Bühne stellen.

Als alles vorbei war, gratulierte ich mir, dass ich so mutig gewesen war. Es ging besser, als ich mir je hätte träumen lassen.

„Ich weiß schon, was ihr jetzt alle denkt", fing ich an. „Aber leider bin ich kein Single mehr ..."

Ein paar Sekunden war es totenstill (die meisten schauten sich wohl diskret um, um zu sehen, ob der Anstand es erlaubte, mich komisch zu finden), dann fing ein Mann schallend an zu lachen, und schon lachte der ganze Saal.

Der Wettbewerb ging super; unter siebzehn Teilnehmern errang ich den zweiten Platz!

Sie ist für mich eine neue Leidenschaft geworden, die Stand-up-Comedy.

So cool es ist, da oben auf der Bühne zu stehen und seine Show zu machen – noch toller sind die Stunden, bevor das Publikum kommt. Dann treffen sich nämlich die verschiedenen Leute, die auf der Bühne dabei sein werden, sprechen das Programm mit dem Veranstalter durch und legen fest, in welcher Reihenfolge sie auftreten werden. Allerdings ist es mir mehr als ein Mal passiert, dass die anderen Kollegen sich alle begrüßten, nur mich begrüßte keiner. Und wenn sie die Programmreihenfolge festlegen, stehe ich manchmal gar nicht auf der Liste. Einmal erklärte mir einer hinterher, dass er mich für den Haus-Alkoholiker gehalten hatte, der halt mit dabeisaß, weil er gerade nichts Besseres zu tun hatte.

Aber wenn dann die Veranstaltung vorbei ist, kommen immer viele zu mir, um mich zu umarmen oder mir auf die Schulter zu klopfen. Oft sind das dieselben Leute, die mich noch vor ein paar Stunden glatt ignorierten. Ich nenne das Ganze den „Vorher-Nachher-Effekt".

Das Zweite, was die Menschen schier nicht begreifen können, ist, dass ich eine Freundin habe. Als ich einem neuen Bekannten von ihr erzählte, war er so platt, dass er mich anstarrte und kein Wort hervorbrachte. Dann versuchte er krampfhaft, das Thema zu wechseln, um das „Unanständige", das ich ihm da gesagt hatte, schnell wieder zu vergessen. Aber nachdem er eine Weile nachgedacht hatte, wurde er auf einmal richtig fröhlich, und jetzt war ich derjenige, der die Welt nicht mehr verstand. Er spazierte durch das Zimmer und strahlte wie die Sonne. Vielleicht hatte ich ihm Hoffnung gemacht, dass auch er eine Freundin finden konnte?

Wohl die meisten von uns haben irgendwann einmal eine Liste der Eigenschaften zu Papier oder zumindest zu Gedanken gebracht, die der oder die Zukünftige haben muss. Die berühmten fünfzehn oder zwanzig Dinge, die jemand, mit dem wir den Rest unseres Lebens verbringen wollen, einfach haben muss. Ich schätze, dass die durchschnittliche junge Dame hier zum Beispiel über ihren Traummann schreibt: „schön, muskulös, sexy, smart". Wie viele Mädchen setzen wohl „spastisch" auf ihre Liste? Oder „hat einen Gang wie eine Krähe"?

In meinen dunkelsten Stunden bin ich versucht gewesen, die ganze Geschichte mit der Liebe an den Nagel zu hängen. Welches Mädchen will schon einen Mann haben, der seine Kleidung in die Waschmaschine stecken muss, wenn er ein Einmachglas geöffnet hat – wenn gleichzeitig so viele Traumschwiegersöhne auf der Straße herumlaufen? Wenn ich rede, sieht es aus, als ob ich furchtbare Rückenschmerzen habe, und wenn ich jemanden umarme, kriegt er, wenn mein Körper gerade schlechte Laune hat, gleich ein paar Kopfnüsse dazu. Mal ganz im Ernst – welches Mädchen macht so was an?

Einmal las ich ein Buch über Beziehungen, und da wurde der Klumpen in meiner Brust noch größer. In dem Buch stand nämlich, wie wichtig für den Erfolg eines Mannes der erste Eindruck war, den er auf seine potenzielle Zukünftige machte. Na, prima ... Wer mich zum ersten Mal sieht, denkt entweder, dass ich einen furchtbaren Muskelkater habe oder dass ich zu viele Schmerzmittel genommen habe. Und er hat den bösen Verdacht, dass ich nicht nur mit meinem Körper Probleme habe.

„Na, Jonas ... Und bis wann musst du wieder im Sanatorium sein?"

Es schien für mich nur eine Methode zu geben, einen anderen ersten Eindruck auf ein Mädchen zu machen: dass ich mich mit ihr für spät abends in einer Bar verabredete und bis vier Uhr morgens dort blieb. Dann hätte ich eine Chance, dass die junge Dame glaubte, dass ich nicht Spastiker, sondern nur betrunken war …

Aber nein, das war auch nichts. Dann müsste ich ja jedes Mal, wenn ich mich mit ihr traf, betrunken sein, und das wäre auch kein sehr gelungener Startschuss für eine Beziehung.

Tja, da blieb mir wohl nur noch eines: Mönch werden.

In meinen wildesten Fantasien hätte ich mir nicht vorstellen können, wie gut alles geworden ist. Heute habe ich eine ganz wunderbare Freundin, die mich genau so mag, wie ich bin, sogar dann, wenn meine Behinderung ihr und mir manchmal einen Streich spielt. Irgendwie scheint sie an all den Äußerlichkeiten vorbeizusehen. Womit ich nicht sagen will, dass sie nicht glaubt, dass ich muskulös und schön bin …

Ich genieße es richtig, die Reaktionen der Leute zu studieren, wenn sie mich mit meiner Freundin zusammen sehen. Wenn wir in ein Geschäft gehen, höre ich förmlich, wie die Verkäuferinnen und die anderen Kunden denken: *Aha, das ist sicher seine neue Betreuerin.*

Aber wie die sich an der Hand halten, das ist ein bisschen komisch.

Man hat meine Freundin auch schon für eine Krankenschwester gehalten. Oder für meine leibliche Schwester oder eine Sozialarbeitern, die sich um Jugendliche am Rande der Gesellschaft kümmert.

Als wir im vergangenen Sommer beschlossen, uns zu verloben, wollte ich ihr etwas ganz Besonderes bieten – etwas, an das sie sich noch lange erinnern würde.

Und dann hatte ich eine Idee: Ich würde ihr meinen Heiratsantrag im Turning Torso in Malmö machen – immerhin mit 190 Metern Höhe der höchste Wolkenkratzer in Skandinavien!

Ich ging also hin und fragte an der Pforte, ob ich am Abend

dieses Tages, so gegen 22 Uhr, mit meiner Freundin in den obersten Stock fahren konnte.

Aber die Leute in der Pforte schienen mich nicht richtig zu verstehen. Sie sagten: „Augenblick mal – Sie möchten also den Fahrplan für die Buslinie 22 wissen; ist das richtig?"

Also gut, ich machte meiner Hanna meinen Antrag also nicht im Turning Torso. Aber es war trotzdem ein voller Erfolg. An einem wolkenfreien Sommerabend des Jahres 2006 gab sie mir ihr Jawort – am Sandstrand von Rikersborg.

Der Bassgitarrist

Ich hänge mir die Bassgitarre um. Es sieht aus, als ob ich gleich rücklings umfallen werde. Hat man mir später jedenfalls gesagt.

Ich mache meine beiden Daumen bereit, mit denen ich spiele, und warte auf meinen Einsatz.

Das Publikum sieht so aus, als ob es sich mehr dafür interessiert, was gleich mit mir passieren wird, als was der Sänger bringen wird. Einige der Gesichter sehen richtig nervös aus. Andere scheinen eher Mitleid mit mir zu haben; sie schauen höflich zur Decke hoch, um nicht mit ansehen zu müssen, wie ich gleich umfallen werde.

Ich höre förmlich ihre Gedanken: „Will der wirklich mitspielen? Offenbar ja, er geht mit den anderen Musikern auf die Bühne. Aber … der kann ja kaum richtig gehen … Und was ist das? Will der etwa nur mit seinen Daumen spielen? … Das wird das reine Fiasko!"

Aber wieder andere haben so einen Funken in den Augen. Das sind die, die wissen, dass ich heute Abend das erste Mal öffentlich als Bassgitarrist auftrete, und sie sind bereit, mir eine ehrliche Chance zu geben.

Es passiert, als wir die ersten Takte spielen. Ein Unterkiefer nach dem anderen klappt nach unten, ein Mund nach dem anderen öffnet sich weit, viele kriegen geradezu etwas Andächtiges in die Augen. Sie beginnen zu lächeln, ihre Augen strahlen. Und wieder wandern ihre Gedanken zu mir:

„Der kann ja tatsächlich spielen – und wie! Ein spastischer Bassgitarrist, das ist ja ein Ding … Das Leben ist doch gut!"

Ein paar Augenblicke lang verliert unser Sänger seinen

Augenkontakt mit dem Publikum. Aber einen Takt weiter ist alles wieder im Lot; der Sänger ist wieder der Sänger, und der Bassgitarrist ist der Bassgitarrist!

Kapitel 18

Das Leben hat gerade erst angefangen

Im Laufe der Zeit verstehe ich immer besser, dass die sprudelnde Energie in mir etwas Gutes ist. Wenn ich sie richtig benutze!

Irgendein weiser Mensch hat einmal gesagt, dass Energie ohne Ziel etwas Lebensgefährliches ist, aber Energie mit Ziel lebenswichtig. Zielgerichtete Energie ist die beste Nahrung für das Herz.

Ich bin in meinem Leben immer etwas rastlos gewesen. Es ist geradeso, als ob ich immer mehr Energie gehabt habe als ich eigentlich brauche. Als ich noch klein war, war das Problem so groß, dass meine Eltern dachten, dass ich krank war. Alles machte ich gleichzeitig: mit meinem Teddybär spielen, Autos malen, Puzzles legen und das Kinderprogramm im Fernsehen sehen. Als ich größer wurde, hatte ich ständig gleichzeitig mehrere Projekte am Laufen, zum Beispiel ein extra großes Seifenkistenauto bauen, den ganzen Garten rechen (und der war riesig) oder zum hundertsten Mal die Möbel in meinem Zimmer umstellen.

Heute bin ich vielleicht nicht mehr ganz so rastlos, aber ich bin im höchsten Maße jemand, der das Leben genießt. Da ich um ein Haar schon bei meiner Geburt gestorben wäre und dann gar kein Leben gehabt hätte, fühle ich mich berechtigt, sozusagen ein bisschen Extrasahne auf meinem Kuchen zu genießen. Und so spiele ich manchmal eine Runde Golf, obwohl ich eigentlich büffeln müsste, oder kaufe mir den teuren Pullover, weil der doch so schön ist.

Ich verspüre eine tiefe Dankbarkeit.

Schon der erste Tag meines Lebens war ein Wunder – und die Wunder gehen weiter. Als Kind hätte ich mir das Leben, das ich heute habe, in meinen wildesten Träumen nicht vorstellen können. Ohne Rollstuhl auskommen, Golf spielen, aus meinem Elternhaus ausziehen, Auto fahren – das alles war Lichtjahre entfernt von meiner Lebenswirklichkeit. Es existierte nur in meiner Fantasie, wenn überhaupt.

Heute ist mein Leben fantastisch. Fantastisch wirklich, aber auch fantastisch unwirklich. Ich lebe in einer Welt, die es eigentlich gar nicht geben dürfte, jedenfalls nicht für mich – eine Welt, die weit entfernt ist von der Logik der Ärzte und allen Statistiken. Inzwischen brauche ich zu keinen Kontrolluntersuchungen mehr zu gehen; die Ärzte haben mir gesagt, dass ich die nicht mehr brauche, so gesund bin ich.

Vor einiger Zeit wurde mir sogar der Behinderten-Parkausweis für mein Auto gestrichen; jetzt muss ich also genauso weit laufen wie die anderen, wenn ich bei IKEA einkaufe. Ja, es ist richtig anstrengend, so gesund zu sein wie ich das heute bin …

Und die Fortschritte gehen weiter. Hier einige meiner neuesten persönlichen Siege:

Ich kann bei McDonald's ein volles Tablett zu meinem Tisch tragen, ohne dass das Getränkeglas umfällt.

Ich kann meine Hose jetzt im Stehen anziehen (gut, eine Wand zum Anlehnen brauche ich immer noch).

Ich kann Klavier mit VIER Fingern spielen (demnächst mit fünf!).

Ich kann ein Spiegelei in der Pfanne wenden, ohne dass das Ergebnis ein gelber Maulwurfshügel ist.

Ich stürze im Schnitt nur noch ein Mal im Monat (und nicht mehr mindestens ein Mal pro Woche, wie noch vor Kurzem).

Ich kann jetzt alleine eine Kerze ausblasen. (Einen Ballon aufblasen ist schwerer.)

Ich habe gelernt, das Betttuch selbst zu falten.

Es gibt mindestens zwei Freunde, die ich beim Pingpong schlage.

Ich schlage alle meine Freunde beim Minigolf (hahaha ...).

Ich kann jetzt mit der Hand schreiben (und zwar so, dass andere es lesen können).

Ich kann schwimmen (nach fünfzehn Metern fange ich an, zu hyperventilieren, aber das gibt sich wieder).

Fortsetzung folgt. Garantiert.

Aber wenn ich so von meinen Siegen erzähle, muss ich aufpassen, dass ich nicht wie ein Neunzigjähriger klinge, der im Altersheim sitzt und nostalgisch auf sein Leben zurückschaut, das doch bald vorbei sein wird. Ich habe noch jede Menge Leben vor mir. Vermutlich. Und jede Menge Dinge, die ich besiegen muss. Ich bin überzeugt, dass das Meiste und Beste von meinem Leben noch vor mir liegt!

Wenn es richtig ist, dass man, wie es so schön heißt, lebt, solange man träumt, dann werde ich hundert Jahre alt werden. Und wenn man das Leben mit einer Bergbesteigung vergleicht, dann bin ich bis jetzt erst bis zu der Hütte gekommen, bei der der richtige Anstieg beginnt. Die Aussicht ist schon ganz schön, aber ich will die Spitze des Berges erreichen. (Nein, ich meine nicht meine Pensionierung!)

Ich habe also keine Pläne, mich zur Ruhe zu setzen. Mein Ziel ist nicht, ein gemütlicher schwedischer Durchschnittsspastiker zu werden. Nein, der Kampf mit mir selbst geht weiter. Das Leben auf dem Ruhekissen ist nichts für mich. Ich will weiter, und meine Träume hören noch lange nicht auf. Die verrückte Vision des Zehnjährigen, sie lebt weiter in mir: dass ich eines Tages so weit komme, dass mir keiner mehr glaubt, dass ich früher einmal behindert war. Und wenn das mein Ziel ist, dann liegt noch eine ganze Wegstrecke vor mir.

Was ist also mein nächstes Etappenziel? Was bringt mein Adrenalin in Bewegung? Was soll der nächste Teilsieg sein? Nun, da gibt es die unterschiedlichsten Sachen. Hier eine kleine Auswahl:

Einer meiner größeren Träume ist, eines Tages E-Gitarre spielen zu können – einen solchen Schliff in meine Finger (vor allem in die der linken Hand) zu bekommen, dass ich richtige Akkorde spielen kann. Zurzeit kann ich nur in G-Dur spielen, ein paar selbst gemachte Akkorde mit dem Daumen, und das wird man ja bald leid.

Auch andere Musikinstrumente stehen auf meiner Wunschliste (zum Beispiel Schlagzeug), aber erst muss meine motorische Koordination noch ein bisschen besser werden.

Ein anderer Traum, der in mir brennt, ist, dass ich eines Tages völlig normal laufen kann. Ich trainiere regelmäßig im Fitnesscenter und kann hier viele Fortschritte erleben. Ich bin echt dankbar! Die Ärzte sind sich nicht einig, wie viel man trainieren kann und wie viel mit meiner Lähmung im Gehirn zu tun hat, aber während sie sich streiten, trainiere ich einfach weiter.

Ich träume auch davon, Snowboard fahren zu lernen. Einen Winterurlaub in den Alpen zu machen und den Hang hinabzusausen, ohne darüber nachdenken zu müssen, ob das eine Bein gleich einknicken wird. Wenn mir das gelingt, werde ich meiner Behinderung den K.o. verpasst haben!

Im Alltag gibt es für mich noch viel zu tun. Nach wie vor kann ich nicht normal mit Messer und Gabel essen. Vor ein paar Wochen habe ich es zur Abwechslung mit Stäbchen versucht, aber fragen Sie mich lieber nicht, wie das ausging.

Ich möchte auch gerne damit aufhören, mein Gegenüber bei Tisch mit Essen zu bespucken.

Ach ja – und ein volles Glas Wasser mit meiner linken Hand tragen, einen Karton Milch fachmännisch öffnen, mindestens fünfzig Meter ohne Probleme schwimmen, einen neuen Schlüssel auf den Schlüsselring schieben, den obersten Knopf an der Hose schließen, Paddelboot fahren, eine Krawatte binden und noch viel, viel mehr.

Manchmal werde ich gefragt, ob mich der Gedanke, dass manche meiner Träume sich vielleicht nie erfüllen werden, nicht frustriert.

„Legst du die Messlatte nicht zu hoch? Du kannst sie doch tiefer legen, wenn du merkst, dass du nicht so viel schaffst ...“

Wenn ich solche Töne höre, erzähle ich den Leuten von anderen Träumen, die ich gehabt habe – und die in Erfüllung gegangen sind.

Und danach sage ich etwas, was noch wichtiger ist: Wie viel es für mich bedeutet, träumen zu können. Auch dann, wenn der Traum vielleicht nie wahr werden wird.

Irgendwo habe ich einmal gehört, dass man sich immer ein höheres Ziel setzen sollte, als man erreichen kann, und dass man dann erst richtig lebt.

Das kann ich nur unterschreiben.

Es gibt mir einen Kick, das Große und Unmögliche zu wünschen und dem sogenannten Schicksal die Stirn zu bieten. Das ist die Luft, die ich atme, das Leben, das ich lebe. Nicht für alles Geld der Welt würde ich auf die sprudelnde Energie in mir verzichten, die meine Träume mir geben.

Szenen aus dem Leben

Am Steinbruch

Mit vier Mann fahren wir zum Steinbruch Dalby. Ich bin noch nie dort gewesen, aber ich habe die Geschichten gehört. Von dem berüchtigten Vorsprung in der Wand über dem Baggersee, wo man aus zwölf Metern Höhe ins Wasser springen kann.

Erst am Tag zuvor ist mir zum ersten Mal im Leben ein Kopfsprung gelungen – nur vom Ein-Meter-Brett, aber immerhin. Da ist es höchste Zeit, sich neuen Herausforderungen zu stellen.

Ich schaue zu, wie sich die anderen von dem schwindelerregend hohen Felsvorsprung ins Wasser stürzen, und merke, wie mein Adrenalinspiegel steigt. Ich will auch springen! Was muss das für ein tolles Gefühl sein, den Schritt hinaus in die Luft zu machen und dann sekundenlang im freien Fall mit den Beinen baumeln zu können ...

Meine Freunde sind zum Glück so vernünftig, dass sie mich nicht von da oben springen lassen. Aber damit ich mir nicht total klein und hässlich vorkomme, versprechen sie mir, eine Stelle zu suchen, die nicht mehr als drei Meter hoch ist; da darf ich es dann probieren.

Mannomann, denke ich, *von so hoch bin ich noch nie gesprungen!* Und ich fange an, noch schneller zu atmen.

Wir finden die perfekte Stelle. Es ist ein Felsvorsprung, von dem aus es ungefähr dreieinhalb Meter hinunter ins Wasser geht. Was die Sache prickelnder (oder noch idiotischer) macht, ist die Tatsache, dass just an dieser Stelle ein spitzer Felsblock aus dem Wasser ragt; ich werde also genügend weit springen müssen, um nicht auf diesem Hindernis zu landen.

Mit zitternden Beinen stehe ich auf dem Felsvorsprung. Zwei meiner Kumpel sind unten im Wasser, um mich zu retten, falls das nötig werden sollte (meine Schwimmkünste sind ja nicht so toll). Der Dritte steht neben mir und hält meine Hand fest, damit ich auf der schmalen Felsplatte nicht das Gleichgewicht verliere.

„Jonas, du darfst nicht ängstlich sein!", ruft einer meiner Freunde aus dem Wasser. „Wenn du springst, dann richtig, sonst ist es besser, du machst das gar nicht, verstehst du?"

„Ja", antworte ich. Meine Stimme klingt piepsig.

Ich habe Angst.

Was bin ich blöd.

Warum muss ich dauernd solche Dinger drehen? Dass es mir fast schon Spaß macht, mich in Lebensgefahr zu begeben, das kann doch nicht normal sein!

Aber es ist zu spät für solche Vernunftgedanken. Mein Eigensinn ist stärker – wieder einmal. Theoretisch könnten wir natürlich auf dem gleichen Weg, den wir hochgestiegen sind, auch wieder hinunterklettern, aber das kommt nicht infrage. Nicht in meiner Welt.

Die nächsten Sekunden bin ich in voller Aktion.

Im Nachhinein bereue ich es natürlich, dass ich ihn damals nicht hinunterschluckte – meinen Stolz oder was immer es war, das mich daran hinderte, vernünftig zu sein und zurück nach unten zu klettern. Aber zurück zu der Szene: Ich bin also dabei, mein Leben aufs Spiel zu setzen, um in einen blöden Baggersee zu springen!

Ich zögere.

Ich mache einen halbherzigen Schritt hinaus in die leere Luft.

Die Stimme eines meiner Freunde unten im Wasser hallt durch den Steinbruch. „NEEEIIIN!! WAS MACHST DU DA???"

Ich falle.

Es geht alles sehr schnell, und doch steht die Zeit still. Ich gleite die Felswand entlang und warte auf den Aufschlag.

Und dann passiert etwas ganz Komisches, das manche „Schwein" nennen würden, aber das ich lieber „Schutzengel" nenne. Denn aus einem unerfindlichen Grund mache ich eine Zwischenlandung auf einem winzig kleinen Absatz links unterhalb meines Felsvorsprungs, vielleicht einen Meter tiefer. Eine halbe Drehung habe ich in der Zeit auch gemacht.

Auf diesem winzigen Absatz finde ich plötzlich mein Gleichgewicht wieder und werfe mich mit aller Kraft hinaus in die Luft und hinunter ins Wasser.

Nach einer zweiten halben Drehung in der Luft mache ich eine perfekte Landung im Wasser. Meine Freunde helfen mir ans Ufer.

Ein Zuschauer, der mich nicht kennt, denkt wahrscheinlich, dass ich gerade einen Kunstsprung gemacht habe. Und was für einen tollen.

Aber wir wissen, dass das, was hier gerade geschehen ist, eine Fast-Katastrophe war, die sehr böse hätte enden können. Einen Augenblick war ich fest davon überzeugt, gleich tot zu sein.

Der Schock ist nach zwei Tagen weg, die Schmerzen im Fuß nach einem Monat.

Es versteht sich von selbst, dass ich dankbar dafür bin, dass es so glimpflich abgelaufen ist. Es hätte ja ganz anders kommen können.

Ob ich Lust habe, noch einmal in den Steinbruch zu fahren und die Mutprobe zu wiederholen? Nein, danke. Ich kann auch dazulernen!

Zu guter Letzt

Vor zwei Jahren ging ich auf einen Sommerkurs für Existenzgründer. Unsere Examensaufgabe bestand darin, den anderen unsere Geschäftsidee vorzutragen.

Es wurde ein toller Tag. Viele der Teilnehmer hatten echt gute Ideen; sie reichten von einer sprechenden Gedicht-

Internetseite bis hin zu einer Unternehmensberatungsagentur, deren Sinn darin bestand, die Zusammenarbeit zwischen verschiedenen Berufsgruppen in der Gesellschaft zu verbessern.

Schließlich kam ich an die Reihe. Ich stand auf, schaute in die Runde und sagte:

„Meine Geschäftsidee ist, dass ich mich selbst verkaufe!"

Man hätte eine Stecknadel fallen hören können. Selbst der Dozent war sprachlos.

Also gut, wenn sie mir so aufmerksam zuhörten, machte ich am besten gleich weiter. Und ich fing an, aus meinem Leben zu erzählen. Dass es eigentlich noch am selben Tag, wo es begann, hätte enden können. Dass ich vierzig Minuten lang Atemstillstand gehabt hatte, weil die Nabelschnur sich um meinen Hals gewickelt hatte. Dass ich davon bleibende Schäden in Form von unfreiwilligen Spasmen im ganzen Körper davongetragen hatte. Und dass ich seitdem mit diesen Spasmen kämpfte.

Dann erzählte ich von der langen Reise von einem Leben mit Rollstuhl und BLISS-Karte hin zu meinem jetzigen Leben, das die kühnsten Hoffnungen so weit übersteigt.

„Heute brauche ich weder Rollstuhl noch Betreuer noch irgendwelche Hilfsmittel", sagte ich. „Ich betrachte mich als gesund, und mein Ziel ist, das immer mehr auch in der Praxis zu sein."

Ich schaute die anderen Kursteilnehmer an und sah alle möglichen Arten von Gesichtsausdruck. Der Dozent machte sich Notizen, dass der Bleistift glühte.

Ich holte Luft und fuhr fort.

Ich berichtete, wie ich den Führerschein gemacht hatte und aus meinem Elternhaus in Göteborg nach Malmö gezogen war, in eine Wohnung, die kein bisschen behindertengerecht war. Und ich konnte es nicht lassen: Ich erwähnte auch, dass ich beim Golfspiel so weit gekommen war, dass mein Handicap nur noch 24 betrug.

„Das ist heute das einzige Handicap, das ich noch im Leben habe. In meinem Kopf jedenfalls", sagte ich lächelnd.

Und ich fuhr fort und erzählte, dass ich gerade Geschichte studierte und mich in meiner Freizeit unter anderem als Musiker und Texter betätigte. „Zur Zeit bin ich dabei, auch das Singen zu lernen."

Jetzt stand vielen schier der Mund offen.

Aber ich war nicht zu bremsen. Die Stützwörter waren mir ausgegangen, aber das war mir egal. Meine Zunge schien von alleine einen Gang höher zu schalten.

Ich erzählte, dass es mein Ziel war, die Menschen zu inspirieren, indem ich sie an all den Mut machenden, aber auch schweren Dingen teilnehmen ließ, die ich erlebt hatte.

„Auf diese Weise kann ich ihnen vielleicht helfen, ihr Leben aus einer anderen Perspektive zu sehen als aus der, die sie gewohnt sind", sagte ich. „Ich möchte die Menschen dankbarer für ihr Leben machen. Sie leben es ja nur ein Mal. Jedenfalls ihr Leben hier in dieser Welt."

Die anderen hörten mir weiter aufmerksam zu.

Ich redete und redete. Über die richtige Temperatur für Popcorn, über den Kampf gegen die Ausreden, über Träume und Ziele und wie man sich nach ihnen ausstreckt.

Meine Redezeit war längst überschritten.

Ich musste wohl zum Schluss kommen. Und ich sagte, dass ich den Menschen eigentlich ganz einfach helfen wollte, in ihrem Leben das richtige Vergrößerungsglas anzuwenden – das, das das Gute und Schöne im Leben größer macht, und nicht das Schlimme und Schwere!

Es war ein ganz gewöhnlicher Freitagvormittag, aber als ich in wieder in die Runde schaute, sah ich, dass viele der Kursteilnehmer Tränen auf den Wangen hatten. Sie waren still, aber es war eine friedevolle Stille. Eine Stille der Hoffnung.

Schließlich brach der Kursleiter das Schweigen mit einer Frage:

„Und wann möchten Sie mit der Verwirklichung Ihrer Geschäftsidee beginnen?"

„Das weiß ich noch nicht richtig", sagte ich.

Er schaute mich an und sagte dann bestimmt: „Ich glaube, Sie können gleich heute anfangen. Sie haben ja gerade schon angefangen."

Wieder Schweigen. Dann sagte der Kursleiter: „Vielleicht können Sie sogar ein Buch schreiben."

Jonas Helgesson wurde 2007 von der schwedischen Tageszeitung *Dagen* als „Vorbild des Jahres" ausgezeichnet.

Seit seiner Buchveröffentlichung ist er in Schweden gefragter Interviewgast und Veranstaltungsredner. Für die Zeitung „Metro" schreibt Jonas Helgesson regelmäßige Kolumnen und ist hin und wieder als Stand-up-Comedian unterwegs.

www.jonashelgesson.se

Bethany Hamilton

Soul Surfer

Sie gab nicht auf und siegte –
Eine wahre Geschichte

160 Seiten, Hardcover,
mit zahlreichen Farbfotos
ISBN 978-3-7655-1928-4

Bethany Hamilton gehörte bestimmt zu den glücklichsten Teenagern. Auf der Traum-Insel Hawaii geht sie ihrem großen Hobby, dem Surfen, nach. Sie gilt als die große Nachwuchshoffnung für den Profi-Surf-Sport. Doch am 31. Oktober 2003 wird sie beim Training von einem Tigerhai angegriffen. Bethany verliert ihren linken Arm. Aber sie verliert nicht ihren Glauben an Gott und an sich selbst. In Soul Surfer erzählt sie die Geschichte ihres Kampfes: trotz dieses Schicksalsschlages ihr nun ganz anderes Leben in die Hand zu nehmen und zu meistern.

BRUNNEN VERLAG GIESSEN
www.brunnen-verlag.de

Birgitta Andersson

Am Ende des Gedächtnisses

… gibt es eine andere Art zu leben

Agneta Ingberg, 58:
Mein Leben mit Alzheimer

128 Seiten, Hardcover,
ISBN 978-3-7655-1947-5

Agneta Ingberg ist 58, als sie die Diagnose Alzheimer bekommt. Jetzt weiß sie, warum sie manchmal etwas vergisst, nicht mehr mit der U-Bahn zurechtkommt oder einfach nicht die richtigen Worte findet. Sie erlebt Angst und Scham, kämpft aber tapfer und mit Humor. Muss ihr die Krankheit peinlich sein? Gibt es wirklich keine Therapie?

Birgitta Andersson beschreibt einfühlsam das Leben ihrer Freundin Agneta in der Zeit vor und nach der Diagnose. Eine traurige und doch warme und hoffnungsvolle Geschichte …

BRUNNEN VERLAG GIESSEN
www.brunnen-verlag.de

Hanna Schott

Mama Massai

Angelika Wohlenberg –
die wilde Heilige der Steppe

192 Seiten, Hardcover,
mit zahlreichen Farbfotos
ISBN 978-3-7655-1938-3

Mit acht Jahren kann Angelika nicht stillsitzen. Mit sechzehn will sie nicht länger zur Schule gehen, sondern „Seemann" oder Lkw-Fahrerin werden. Mit siebenundzwanzig fährt sie mit dem Motorrad durch die Massaisteppe, ausgerüstet mit einem Zelt und einem Hebammenkoffer. Die Massai sind nicht gerade begeistert von ihrer Anwesenheit, aber Angelika weiß endlich , dass sie genau dort ist, wo sie hingehört. Und so beginnt eine abenteuerliche Geschichte, die bis heute andauert und das Leben aller Beteiligten nachhaltig verändert hat.

BRUNNEN VERLAG GIESSEN
www.brunnen-verlag.de

Hanna Schott

Steppenkinder

Ein Wiedersehen
mit Mama Massai

176 Seiten, Hardcover,
mit zahlreichen Farbfotos
ISBN 978-3-7655-1902-4

Wie verrückt muss man sein, um freiwillig in der Steppe zu
leben? Ganz schön verrückt, meinen selbst die Massai. Aber
es ist auch ein Glücksfall für sie und ein Grund zu feiern.
Zum Beispiel beim großen Fest zur Schuleinweihung. Von
überall strömen die Gäste herbei, um ihre „Mama Massai"
wiederzusehen:

Loserian, der keinen Fluch mehr fürchtet, Sophia, die ge-
witzte Unternehmerin, Naisharwa, die die Rache der Krieger
überlebte und heute studiert ... Ein Afrikabuch, das Hoffnung macht!

BRUNNEN VERLAG GIESSEN
www.brunnen-verlag.de